Tabla d

Agradecimientos

Un agradecimiento muy especial a mi hija espiritual Keren Soto, quien siempre se envuelve desinteresadamente en todos mis proyectos. Gracias por tu disposición a ayudarme tan amorosa y pacientemente.

En adición, gracias a Tai's Captures por diseñar tan bella portada. Gracias por voluntariamente tomar de tu tiempo para hacer con detalles cada cambio que se te sugería.

Gracias a mi amado esposo por haberme dado tiempo y espacio durante varios meses para que pudiera concentrarme en este escrito. Gracias, amor mío por tanta comprensión.

Y por último, gracias a Aixa Rodríguez por leer el manuscrito de forma minuciosa y ayudarme a encontrar detalles tan importantes, previo a esta publicación.

Desde el fondo de mi corazón, gracias, porque sin su colaboración, no hubiera sido posible el lanzamiento de este libro.

Y al más importante de todos. Gracias a mi Rey y Señor. Si hoy he podido completar este proyecto, ha sido gracias a tu sabiduría vertida sobre mí. Dios, has sido Tú el verdadero autor de esta obra. Todo te lo debo a Ti.

Dedicatoria

Dedico este escrito a todos los creyentes fieles y devotos que han perseverado a lo largo de los años. A esos cristianos que contra viento y marea se levantan cada día, creyéndole al Dios, hacedor de maravillas. A esa gente de fe que pone como prioridad las cosas del reino celestial.

Dedico este libro a esa gente de Dios que una vez ha decidido poner su mano en el arado, nunca ha tornado su mirada hacia atrás. A esos que a pesar de haber sido zarandeados, han permanecido en la vid verdadera porque su confianza está en Jesús.

A esos cristianos inconmovibles que por largos años han peleado esta buena batalla, sin salirse del camino, dedico esta obra. Dios les bendiga siempre.

Introducción: Un milagro evidente

Un hombre de poco más de 40 años, padecía de una condición física que le imposibilitaba poder caminar. Desdichadamente, había nacido lisiado. Durante toda su vida había dependido de otros para que lo levantaran y lo transportaran a un lugar donde le fuera posible pedir limosnas para poder subsistir. Día tras día, el pobre hombre experimentaba la misma rutina: despertar, ser llevado a los atrios del templo, permanecer allí sentado por largas horas, y extenderle la mano a todo el que pasara, esperando que alguien tuviera misericordia de él y le concediera una moneda. Así pasaban las horas, los días, las semanas y los meses en la vida de aquel desventajado hombre. ¡Así transcurrieron los años!

Hasta que un día, dos sujetos que se encaminaban hacia el templo, fueron llamados por él. Les dijo a ellos lo que acostumbraba decirle a cualquier persona que transitara por allí: "¡Oigan! ¡Ayúdenme con cualquier donativo, por favor!" Pero estos dos personajes, no eran igual que los demás. Contrario a otras personas que tal vez ignoraban al hombre y seguían de largo, estos se detuvieron. Pero para sorpresa del inválido, no se detuvieron para conceder su petición, sino para algo mucho mejor. Estos hombres tenían la capacidad de ayudarle, pero no a la manera que él se hubiera imaginado. Ellos tenían poder de Dios. Así que, uno de ellos, mirándolo fijamente a los ojos, le dijo: "No tengo dinero para darte, pero te daré lo que tengo. ¡Levántate, en el nombre de Jesucristo!"

En aquel preciso instante, el hombre que llevaba toda una vida a la entrada del templo, se pudo poner de pie. ¡Milagrosamente pudo saltar y pudo caminar! Lo interesante del caso es que de todos los lugares a los que pudo haber acudido de inmediato, decidió entrar al templo. A ese templo que quizás, nunca había entrado, aun habiendo estado en sus atrios todos los días. ¡Este hombre por fin era libre! Libre para frecuentar el lugar que le diera la gana. Pudo haber salido corriendo a su casa para darle la buena noticia a aquellos con los cuales vivía. Pero no, prefirió entrar a la Casa de Dios, saltando y alabando su nombre (Hechos 3:8).

Tal acontecimiento conmocionó a la gente, quienes se llenaron de admiración y asombro por lo que había ocurrido. El suceso causó un revuelo, a tal magnitud que la gente se amotinó alrededor de Pedro y Juan. Siendo ellos los causantes del incidente, pero reconociendo que el autor del milagro era el Señor, tomaron ventaja del asunto y comenzaron a hablarle a la gente acerca de Jesús.

A todo esto, el hombre que había sido sanado permanecía allí aferrado a ellos (versículo 11). No se iba para su casa. Él era la evidencia de lo que Dios había hecho, y allí se quedó respaldando a aquellos que lo habían ayudado. Aquella tarde, 5,000 hombres creyeron en el mensaje que les fue predicado.

Como consecuencia, Pedro y Juan fueron apresados y metidos en la cárcel. Al día siguiente, los hicieron comparecer ante los gobernantes y maestros de la ley. Y, ¿quién llegó allí? ¡Sí, el hombre del milagro! Se presentó nuevamente para acompañarlos (Hechos 4:14).

Evidentemente su vida había sido transformada y esa experiencia había creado en él un impacto para siempre.

Por tal razón no se podía quedar tranquilo en su casa, mientras se desataba semejante drama a su alrededor.

Lo asombroso de dicho acontecimiento fue que el milagro se hizo evidente, no solo para el hombre que fue sanado, sino también para todo el que lo presenció. Lo expresaron así mismo los gobernantes. Veámoslo en Hechos 4:16 (NVI):

"¿Qué vamos a hacer con estos sujetos? Es un hecho que por medio de ellos ha ocurrido un milagro evidente; todos los que viven en Jerusalén lo saben, y no podemos negarlo."

La inquietud de escribir este libro, nace cuando Dios pone una carga sobre mí, mostrándome cómo los que dicen ser hijos de Dios, viven un cristianismo muy liviano, el cual no se hace evidente en sus vidas; mucho menos se hace evidente a la vista de los demás.

La transformación que debe suscitar en la vida de un individuo que es impactado por Dios, debe ser evidente a la vista de todos. El cambio que se genera, debe ser una realidad visible y perceptible.

Nadie dudaba de la transformación de aquel lisiado. ¿Por qué? Porque lo habían visto antes y lo habían visto después, y el cambio era manifiesto. Se veía a leguas que el hombre había experimentado un cambio en su vida. Se percibía claramente que ya no era el mismo. No solo había sido transformado físicamente, sino también espiritualmente. Ahora no se quedaba fuera del templo por falta de capacidad física. Ahora usaba su capacidad física para entrar al templo a exaltar y a alabar el nombre de Aquel que lo había cambiado.

Cuando un ser humano es alcanzado por Dios, el Espíritu Santo llega y toma posesión de ese ser. Entra a habitar en esa casa y a poner en orden, el desorden existente.

Es como cuando unos nuevos dueños compran una vieja casa abandonada. Antes de habitarla, la restauran por completo. Entonces, cuando ha sido acondicionada al gusto, entran a morar en ella. Los vecinos, que ahora perciben el cambio de la casa, son testigos, y pueden dar fe de que la transformación es evidente.

De la misma manera, cuando le permitimos a Dios ser el dueño de nuestras vidas, Él nos toma, nos limpia y nos restaura, haciéndonos lucir agradables y renovados.

Mi intención al escribir este libro es que logres reflejar a Cristo como el dueño de tu vida. Que con tu modo de vivir, muestres a otros que el Señor habita en tu corazón. Que le permitas al Espíritu Santo, hacer en ti su morada, quitando lo que tiene que ser removido y añadiendo lo que tiene que ser adherido.

Mi mayor deseo es que a medida que lees este libro, puedas analizar tu conducta como hijo de Dios y modificar tus acciones, con el fin de agradarle a Él.

Pero sobretodo, mi objetivo primordial es que a medida que eres transformado en tu andar como cristiano, aprendas a desarrollar una relación genuina con Dios, y que la misma se haga evidente a la vista de todos.

Capítulo 1: Una vida transformada

La Biblia está llena de relatos, en los cuales individuos común y corriente, como tú y como yo tuvieron un encuentro con la presencia de Dios. Muchos de ellos fueron impactados directamente por la persona de Jesús, mientras muchos otros le conocieron luego de su partida al cielo, debido a la propagación del evangelio que efectuaron los discípulos.

Una persona que ha sido impactada por el Señor, es una persona que ha sido sorprendida debido a un acontecimiento que le ha cambiado la vida.

A lo largo de las Escrituras, vemos cantidad de veces cómo Jesús marcó la vida de un ser humano, causándole un impacto asombroso, el cual provocó una reacción inmediata de parte de ese individuo.

Veamos algunos ejemplos de estos:

1. La mujer encorvada a causa de un demonio: Recibió liberación de su enfermedad, y comenzó a alabarle.

Al mismo tiempo, puso las manos sobre ella, y al instante la mujer se enderezó y empezó a alabar a Dios.
(Lucas 13:13 NVI)

2. El leproso: Quedó limpio y comenzó a glorificarle y a agradecerle (Lucas 17:15-16 RVR1960).

Entonces uno de ellos, viendo que había sido sanado, volvió, glorificando a Dios a gran voz, y se postró rostro en tierra a sus pies, dándole gracias.

3. El mendigo Bartimeo: Recibió la vista y comenzó a seguirle.

—¿Qué quieres que haga por ti? —le preguntó. —Rabí, quiero ver —respondió el ciego. —Puedes irte —le dijo Jesús—; tu fe te ha sanado. Al momento recobró la vista y empezó a seguir a Jesús por el camino. (Marcos 10:51-52 NVI)

4. El hombre ciego de nacimiento: Recibió la vista y comenzó a dar testimonio.

—¡Allí está lo sorprendente! —respondió el hombre—: que ustedes no sepan de dónde salió, y que a mí me haya abierto los ojos. Sabemos que Dios no escucha a los pecadores, pero sí a los piadosos y a quienes hacen su voluntad. Jamás se ha sabido que alguien le haya abierto los ojos a uno que nació ciego. Si este hombre no viniera de parte de Dios, no podría hacer nada. (Juan 9:30-33 NVI)

Todas las reacciones que mostraron estas personas fueron consecuencia del impacto que experimentaron. Todas ellas son reacciones de gratitud al haber recibido una transformación excepcional.

Pero en ninguno de estos casos se nos indica que alguno de ellos se haya convertido en seguidor. Tal vez Bartimeo se acerca más al punto que queremos llegar, pero aun así no sabemos por cuánto tiempo siguió al Señor. Pudiera ser que le siguió por dos o tres días, y luego se volviera a su casa. La Biblia no nos da más detalles.

Una vida que haya sido impactada por Dios, ya sea por haber recibido sanidad física, o liberación de ataduras, o simplemente por haber tenido un encuentro con Él, es una persona que jamás debiera volver a ser igual.

Me encantaba un corito que cantábamos hace mucho tiempo atrás, que decía: "Te necesito...... no quiero volver a ser lo que antes fui."

Qué maravilloso sería si todos los que hemos recibido el toque de Jesús en algún momento de nuestra vida, permaneciéramos firmes y nunca más volviéramos a ser lo que antes fuimos. Sería lo ideal, pero esa no es la realidad.

Lamentablemente, mucha gente acude a Jesús ante una necesidad, y luego cuando obtienen lo que tanto anhelan, se apartan y continúan viviendo de la misma manera que vivían antes.

Recuerdo una muchacha embarazada que llegó a nuestra iglesia en busca de oración. Los doctores le confirmaban que su bebé nacería con Síndrome de Down. Debido a su difícil situación, prácticamente vivió en la iglesia su último trimestre, mientras esperaba el nacimiento de su hijo. Cada día orábamos por la criatura y declarábamos en fe que el niño nacería sano; y así fue. Dios hizo la obra, y todos nos regocijamos con ella por el milagro que el Señor había hecho.

A los pocos meses de haber nacido el bebé, la muchacha se apartó. Un día, más de un año después, la vimos regresar con el niño al hombro, llorando porque le habían detectado un tipo de cáncer a su hijo. Volvimos a orar y a orar hasta que el cáncer desapareció. ¿Y qué pasó? La muchacha volvió a desaparecer. Había presenciado dos intervenciones divinas tan extraordinarias, sin embargo, no permaneció. Regresó a ser lo que antes era.

Algunas personas experimentan la transformación que Dios hace con ellos, y le alaban, como la mujer encorvada. Otros le agradecen y le glorifican, como el leproso. Otros comienzan a contarle a otros lo que Dios hizo con ellos, como el ciego de nacimiento. Y otros, comienzan a seguirle como Bartimeo. ¡Qué bueno! Pero la pregunta es: ¿por cuánto tiempo?

En mi vida he conocido muchísimos seguidores de follón. O para que lo entiendas mejor, cristianos enfiebrados. Estos son impactados por Jesús y comienzan su carrera como creyentes comiéndose el mundo, pero poco a poco cuando se les va bajando el hervor, comienzan a perder intensidad, hasta que permiten que el entusiasmo se les vaya por completo. ¡Qué triste!

Jesús habló en una de sus parábolas acerca de esto. Compara a este seguidor de calentura con una semilla que cae en terreno pedregoso.

"Otra parte cayó en terreno pedregoso, sin mucha tierra. Esa semilla brotó pronto porque la tierra no era profunda; pero, cuando salió el sol, las plantas se marchitaron y, por no tener raíz, se secaron." (Mateo 13:5-6 NVI)

Jesús explica quiénes son estas semillas:

"El que recibió la semilla que cayó en terreno pedregoso es el que oye la palabra e inmediatamente la recibe con alegría; pero, como no tiene raíz, dura poco tiempo. Cuando surgen problemas o persecución a causa de la palabra, en seguida se aparta de ella."
(Mateo 13:20-21 NVI)

No cabe duda que muchos de los que son impactados por Jesús son esas semillas que caen en terreno pedregoso. Reciben la Palabra con alegría, pero al no tener raíces, se apartan al poco tiempo cuando le aumentan los problemas, o cuando comienzan a recibir burlas por otros no creyentes.

¿Qué tipo de semilla serás tú? Mi deseo es que seas la semilla que cae en buen terreno:

"Pero otras semillas cayeron en tierra buena y produjeron una cosecha muy buena. En algunos casos, las semillas sembradas produjeron espigas con cien semillas, otras produjeron espigas con sesenta semillas, y otras produjeron espigas con treinta semillas." (Mateo 13:8 TLA)

Jesús explica quiénes son estas semillas:

"Finalmente, las semillas que cayeron en buena tierra representan a los que oyen el mensaje y lo entienden. Estos sí cambian sus vidas y hacen lo bueno. Son como esas semillas que produjeron espigas con cien, con sesenta, y hasta con treinta semillas." (Mateo 13:23 TLA)

Esa semilla que cae en buen terreno, representa a ese creyente que produce. Es ese que no se conforma con llegar al bautismo y luego seguir congregándose los domingos a escuchar la Palabra, sino que va más allá. Escucha el mensaje, lo entiende, lo aplica en su vida y lo practica. No se queda solo en la etapa 1 de escuchar, sino que pasa a la etapa 2 de aplicar, y continúa a la etapa 3 de practicar.

Santiago nos recomienda:

No solo escuchen la Palabra de Dios; <u>tienen que ponerla en práctica</u>. De lo contrario, solamente se engañan a sí mismos. Pues si escuchas la Palabra, pero no la obedeces, sería como ver tu cara en un espejo; te ves a ti mismo, luego te alejas y te olvidas cómo eres. Pero si miras atentamente en la ley perfecta que te hace libre <u>y la pones en práctica y no olvidas lo que escuchaste, entonces Dios te bendecirá por tu obediencia</u>. (Santiago 1:22-25 NTV)

Así que ser cristiano es una práctica, es un estilo de vida. No es algo de fiebre pasajera, ni algo que hacemos los domingos, sino que es algo que se vive cada día de nuestras vidas, en todo momento y en todo lugar.

Cuando le entregamos nuestra vida a Cristo, luego de escuchar su Palabra y estamos abiertos a ser transformados, entonces Dios comienza a trabajar con nosotros. Comienza a hablarnos, a tocarnos y a confrontarnos. Pero está en nosotros el abrirnos para que Él haga su obra. Dios nunca nos obligará y a la mala nos transformará. ¡No! Él trabajará en aquellos que quieren ser cambiados. Y aquellos que se disponen, comenzarán a anhelar ser modificados por Dios, aplicando la Palabra a su vida diaria, y seguido de esto, practicándola en su manera de vivir.

Dijimos hace un momento que el ciego Bartimeo fue impactado por Jesús y le siguió. Pero quiero ir más allá y hablarte de un personaje bíblico que también recibió un fuerte impacto de parte de Jesús. Y por eso, no solo le siguió por tiempo definido, sino que le siguió hasta la muerte.

María Magdalena fue una mujer que había pasado por mucho. En su antigua vida llegó a ser poseída por siete demonios, de los cuales Jesús la liberó (Marcos 16:9). El Señor marcó su vida para siempre. Expulsó de ella aquello que la ataba. Rompió el yugo de esclavitud y de opresión bajo el que ella vivía. Y esto la impactó de tal manera que a partir de ese momento, le siguió. Y más allá de eso, le siguió con fidelidad para servirle.

Ella no le seguía para novelerear o ver lo que Jesús hacía con otros. Tampoco lo seguía para escuchar lo que decía, aunque debió haberse beneficiado bastante de sus charlas. Pero la razón por la cual le seguía era para servirle. Lo vemos en la Palabra:

También había algunas mujeres mirando de lejos, entre las cuales estaban María Magdalena, María la madre de Jacobo el menor y de José, y Salomé, quienes, cuando Él estaba en Galilea, le seguían y le servían; y otras muchas que habían subido con él a Jerusalén (Marcos 15:40-41 RVR1960).

Hay una gran diferencia entre seguir y servir. Seguir al Señor es bueno, pero servirle es mucho mejor. El que sigue, recibe, mas el que sirve, da. Y hay más bendición en dar que en recibir. El mismo Jesús lo dijo (Hechos 20:35).

El que sigue, sale beneficiado; en cambio el que sirve, sale bendecido. El Señor recompensa al que le sirve. Pero el servir requiere rendimiento y constancia. Requiere perseverancia, cosa que no mucha gente tiene.

¿Has visto a gente comenzar con tanto ímpetu en un nuevo trabajo y al cabo de un año, ya está que lo detesta? ¿Has conocido a alguien que compra un carro nuevo y al principio no permite que nadie coma en él, y lo lava todos los sábados, pero después de dos años lo que tiene dentro del carro es un tremendo basurero? ¿Has sabido de hombres que se casan enamorados de su Barbie, pero a los cinco años, su esposa ya no es tan Barbie y aparece una nueva, entonces se divorcian de la primera para casarse con la segunda?

¡De seguro que has visto a gente así! Gente que se le va bajando el ánimo. Hoy tienen el brío al 100% y mañana ya lo tienen al 20.

Santiago también nos habla de este tipo de personas. Nos dice que son gente inconstante:

El hombre de doble ánimo es <u>inconstante</u> en todos sus caminos (Santiago 1:8 RVR1960).

Este tipo de gente, quiere una cosa hoy y mañana quiere otra. Un día establecen un plan, y al otro día hay cambio de planes. Se pasan teniendo cambios de mentalidad, todo el tiempo.

María Magdalena no cambió en su decisión. Una vez decidió seguir a Cristo, determinó que no volvería atrás. Desde el momento que fue impactada por Jesús, su vida se transformó para siempre.

Contrario a Pedro, no desapareció en el momento más difícil de Jesús. No lo dejó solo. Se mantuvo ahí. Aunque le doliera ver el sufrimiento que nuestro Señor padecía.

Luego de la muerte del Señor, no se fue a su casa. Permaneció en los predios. Cayó la noche y se quedó ahí para ver qué hacían con el cuerpo de Jesús.

En lo que José de Arimatea bajó el cuerpo de la cruz y lo preparó y lo enterró, debieron haber transcurrido horas. Sin embargo, ella se quedó mirando. Quería asegurarse de saber en qué lugar ponían a su Señor.
(Marcos 15:42-47 RVR 1960)

Vemos la devoción de ella nuevamente cuando aún estando oscuro, en la madrugada del tercer día, sale hacia el sepulcro, pero lo encuentra vacío. Este suceso le provoca angustia, pues ahora no sabe dónde han puesto el cuerpo del Señor. Así que decide ir a dar aviso a los discípulos, pero regresa con ellos al lugar de los hechos. No dijo: "Me quedo aquí y ustedes vayan a averiguar." ¡No! Ella volvió al sepulcro con ellos. Cuando los discípulos llegaron y no vieron a Jesús, regresaron a su casa, pero María no regresó. Permaneció allí llorando (Juan 20:1-18 NVI).

Su amor hacia Él no le permitía irse. Tenía que saber qué era lo que había pasado. Y por su constancia, fue bendecida en tener el privilegio de ver a Jesús resucitado, primero que los demás.

La vida de María Magdalena había sido impactada por Jesús, a tal extremo que no se podía despegar de su presencia. Había sido transformada. Ya no era aquella mujer endemoniada que Jesús vio la primera vez. Ahora era la seguidora fiel que no ponía pretextos ni condiciones. Ahora ya no importaba la hora, ni la circunstancia. Solo importaba servirle, en respuesta a la gratitud que había en su corazón.

Cuando somos verdaderamente transformados por la presencia del Dios vivo, lo único que nos hace feliz es seguirle con fidelidad. No por un arranque de emoción pasajera, sino por toda una vida. Lo único que nos satisface es servirle y honrarle con todo lo que tenemos, pues todo lo que somos es por Él y para Él.

Doy tantas gracias al Señor porque llegó a mi vida a la temprana edad de 10 años. No puedo dar testimonio de que andaba perdida, ni en vicios, porque esa no fue mi realidad.

Sencillamente era una niña. Pero cuando llegué a la universidad pude haberme perdido y descarriado, así como lo hicieron algunas amigas cristianas que se contaminaron con el ambiente de fiestas, drogas y alcohol que nos rodeaba. Pero eso no pasó en mí.

A Dios, gracias porque el Espíritu Santo que me marcó a los 10 años era el mismo que moraba en mí a los 18, y me daba convicción de lo que estaba mal. Estaba determinada a que nunca sucumbiría en ese bajo mundo. Así que perseveré. Luché en contra del pecado y la tentación que el enemigo ponía frente a mí. ¡Y aquí estoy hoy! ¡El Señor me escogió para ser ministro suyo!

No soy mejor que tú. De ninguna manera. Solo repito lo que dijo el rey David, y lo creo sobre mi vida: "A Jehová he puesto siempre delante de mí; y porque está a mi diestra, no seré conmovido (Salmo 16:8 RVR 1960).

Tú puedes permanecer firme y fiel como cristiano a lo largo de tus años. Dios está buscando gente transformada que pueda impactar al mundo con su manera de vivir. Él está buscando personas que no solo le sigan, sino que le sirvan con un corazón rendido.

Pídele al Señor en esta hora que te ayude a ser transformado, de fiel seguidor a devoto servidor.

Oración: Dios, mi espíritu quiere servirte, pero mi carne es débil. Sé muy bien lo que es correcto hacer, pero muchas veces, mis pasos me llevan lejos de ti. Transforma mi vida. Ayúdame a serte fiel y a perseverar inagotablemente. Quiero servirte sin condiciones ni pretextos. Pon en mí ese corazón dispuesto. Úsame para tu gloria. Tú nunca has desistido de mí; que yo tampoco desista de ti. Deseo servirte con todo lo que me has dado. Ayúdame a ser constante y nunca desmayar. En el nombre de Jesús. Amén.

Capítulo 2: La llama que arde en mí

Cuando reconocemos al Señor como único Salvador, algo se enciende en nuestro interior. De momento no podemos identificar qué es, pero sentimos algo diferente. Es como que la alegría de vivir entra y nos invade. Algo nuevo e inexplicable llega y se apodera de nosotros. Sentimos que la tristeza, la soledad y el desasosiego ya no gobiernan sobre nuestra vida. De repente se produce un gozo que no podemos explicar y comenzamos a ver la vida con esperanza y con una nueva perspectiva.

Sentimos que lo que antes era una prioridad, ahora deja de serlo. Por otro lado, lo que antes no nos apasionaba, ahora comienza a hacerlo. Aquel que vivía solo para trabajar los siete días y generar dinero, de pronto desea asistir los domingos a la iglesia primero.

El apóstol Pablo es el mejor ejemplo de eso. En su antigua vida, llamándose Saulo de Tarso, su pasión y trabajo era perseguir a los cristianos y acabar con su fe. Vemos su historia en Hechos 9:1-31. Ese día en el camino a Damasco, Jesús le salió al encuentro (verso 5). Al cabo de tres días de haber quedado ciego, Ananías es enviado por Jesús a imponerle las manos para que recobre la vista. Ese día fue el comienzo de la nueva vida de Pablo. No solo recibió la vista, sino que también recibió el Espíritu Santo (verso 17).

A partir de ese momento, la vida de aquel hombre que antes causaba estragos en la iglesia y entraba en las casas para llevar presos a los creyentes (Hechos 8:3), fue transformada radicalmente.

¿Cómo es posible que de ser perseguidor se llega a ser predicador, en cuestión de varios días? (Hechos 9:19-20). ¿Cómo es posible que de odiar tanto, se llegue a amar tanto? ¿Cómo es posible que se dé un cambio de 180 grados en la vida de una persona, en tan solo algunos días?

En nuestro raciocinio humano, entender tal grado de transformación no nos resulta fácil.

¿Cómo una persona, de ser rica y avara, de pronto comienza a repartir a los necesitados con alegría? ¿Cómo un propietario de negocio, de momento comienza a dejar su comercio cerrado los domingos para poder ir a la iglesia? ¿Cómo un joven que vivía para el deporte y tenía una beca aprobada para jugar en la universidad, renuncia a ella para dedicarse a las misiones?

La respuesta es: Espíritu Santo. Aquel día que Saulo recibió el Espíritu Santo, comenzó a pensar diferente, a hablar diferente, a comportarse diferente. Era una nueva criatura. La ceguera espiritual que había dominado su vida, ya no existía más. Dios le quitó las vendas y quebrantó todo sus argumentos porque tenía con él un propósito. Dios lo llamó a una vida transformada y por eso lo selló con el Espíritu Santo, para que hubiera en él poder y autoridad para tomar el camino contrario por el cual había transitado.

Más adelante en el capítulo 13 de Hechos, leemos cómo Saulo, o sea Pablo, lleno del Espíritu Santo, reprende a Elimas, el hechicero y proclama sobre él que quedaría ciego por un tiempo a causa de su maldad (versos 9-11). El que una vez había quedado ciego y había recuperado la vista por el poder del Espíritu Santo, ahora lograba que un malvado, quedara ciego a través del poder del Espíritu Santo.

¡El Espíritu Santo tiene poder! Tiene poder para sellarnos el día en que nos convertimos al Señor Jesucristo. Es precisamente el apóstol Pablo que nos dice en una de sus cartas:

En Él también ustedes, cuando oyeron el mensaje de la verdad, el evangelio que les trajo la salvación, y lo creyeron, <u>fueron marcados con el sello que es el Espíritu Santo prometido</u> (Efesios 1:13 NVI).

Significa esto que el Espíritu Santo entró a nuestras vidas y nos marcó como hijos de Dios, el día que recibimos salvación a través del evangelio.

Quiero que por un momento recuerdes aquel glorioso día cuando por fe invitaste a Jesús a entrar en tu corazón. ¿Lo recuerdas? ¿Recuerdas ese momento cuando lloraste y te arrepentiste de tus pecados? ¿Recuerdas cómo al finalizar la oración de salvación te sentiste libre y limpio? ¿Recuerdas cómo una alegría inexplicable invadió tu vida?

Esa llama que de pronto ardió dentro de ti, se llama Espíritu Santo. Él llegó ese día para quebrantarte y hacerte de nuevo. Por eso es que te sentiste tan motivado a comenzar a congregarte fielmente y a adorar al Señor. Por eso es que luego, no solo te conformaste con ser oidor de la Palabra cada domingo, sino que quisiste profundizar más en tu relación con Él y deseaste comenzar a servirle.

Pero, ¿qué te pasó? ¿Por qué con el paso del tiempo comenzaste a sentirte frío y ya no sentiste la misma motivación de antes?

El apóstol vuelve a hablarnos en esa misma carta y nos dice:

Y no contristéis al Espíritu Santo de Dios, con el cual fuisteis sellados para el día de la redención.
(Efesios 4:30 RVR1960)

El mensaje que nos envía Pablo está claro. El Espíritu Santo que mora en nosotros, se contrista. Es decir, se apena, se entristece.

Pero entonces, ¿qué clase de Espíritu Santo tenemos que se aflige, así como así? ¿Es solo que se le pega la gana de apesadumbrarse, y ya? ¿Es que con el paso del tiempo se le va la motivación al Espíritu Santo?

Definitivamente no. El Espíritu Santo es Dios. Es la tercera parte de la Trinidad que hace morada en la vida del creyente. Y nuestro Dios no es como el ser humano; no es de doble ánimo. No es inconstante, no cambia de parecer. Es el mismo ayer, hoy y por los siglos (Hebreos 13:8). Dice también su Palabra que en Él no hay sombra de variación. (Santiago 1:17 RVR 1960)

Entonces, ¿cuál es la razón por la cual se contrista el Espíritu Santo? La razón eres tú; la razón soy yo. Somos nosotros los que con nuestros actos y con nuestra forma de proceder entristecemos el Espíritu. Cada vez que vamos en dirección contraria a lo que el Señor desea que hagamos, nos alejamos más y más de su propósito. Cada vez que dejamos de hacer lo que como creyentes deberíamos hacer, se va apagando la llama que una vez ardía avivadamente. Cuando permitimos que la dejadez, o la vagancia u otras prioridades nos hagan claudicar en nuestra relación con Dios; cuando el congregarnos, o leer la Palabra, o incluso orar deja de ser importante para nosotros, damos lugar a que el diablo tome ventaja. Entonces él llega de inmediato como el apaga fuego a extinguir esa llama que quemaba nuestro interior pecaminoso. Esa llama que nos hacía querer estar siempre en la presencia de Dios y alejarnos de lo malo.

Recuerdo un corito de mi niñez que decía: "Ahora Satanás se ha vestido de bombero y a todos los cristianos le quiere apagar el fuego." Suena un poco gracioso al cantarlo, pero dice la pura verdad. No existe una persona en la faz de la tierra que se convierta al Señor, al que el diablo no se le tire detrás como el bombero a apagarle el fuego. El diablo es atrevido. Hasta al mismísimo Jesús quiso apagarle la llama mientras ayunaba 40 días en el desierto (Mateo 4:1-11). Pero cuando Cristo le hizo frente y lo resistió, huyó como un cobarde.

Por eso no podemos dar lugar al diablo. Tenemos que reconocer cuáles son sus maquinaciones porque Él no se va a cansar tan fácilmente. Va a tratar de sacarte de carrera, a como de lugar. Tratará de ponerte el gozo, soso. Te pondrá en situaciones donde pensarás que no vale la pena ir a la iglesia. Pensarás que para qué orar si tus circunstancias no mejoran. Pero no te dejes vencer por el mal, al contrario vence el mal con el bien (Romanos 12:21 NVI).

Corre para la iglesia, más rápido que ligero porque allí hay una comunidad de gente llena de problemas, al igual que tú, pero que le han creído al poder y a la autoridad del Espíritu Santo. Gente que han superado los problemas en oración, y están disponibles para imponerte las manos y orar por ti. Vuela hacia la iglesia porque allí Dios tiene lista una Palabra restauradora para tu vida que te va a llenar de su presencia y renovará tus fuerzas para que puedas seguir luchando. No te quedes en tu casa, no te quedes en tu trabajo, avanza a la presencia del Dios que te salvó. No permitas, bajo ninguna circunstancia que se apague tu llama. No contristes al Espíritu.

El único responsable de la tristeza que confrontas, eres tú mismo. Todos en la vida, en algún momento dado confrontamos ataques y luchas que nos llegan a todo dar para que nos desanimemos y nos enfriemos en nuestro caminar con Dios. Y usted podrá pensar que lo digo tan fácilmente porque como soy pastora, se me hace fácil perseverar porque no tengo tantos ataques como los tuyos.

Permíteme decirte, por si no has leído mi testimonio en el libro anterior, que si alguien ha recibido golpes, soy yo. Sí, me he sentido rota y deshecha. Por los últimos cinco años de mi vida he estado luchando con mi condición de salud. Y desde el año 2018 me he enfrentado a cuatro cirugías que me han dejado detenida por cierto tiempo. Pero tan pronto he podido ponerme de pie, me he levantado y he llegado a la Casa de Papá a darle la gloria que Él se merece, porque en medio de mi circunstancia, nunca me ha dejado. ¡Y aquí estoy con vida!

La Palabra dice que TODO lo que respira, alabe al Señor (Salmo 150:6). Así que, ¡yo respiro, yo le alabo! Si mi Padre me tiene con vida, significa que aún no ha terminado su obra en mí. Yo le creo y le sirvo a un Dios vivo que ha sido bueno conmigo, y por eso, es mi deber, en su casa estar. Allí es donde debemos permanecer, pese a la realidad que nos haya tocado vivir.

En la segunda carta de Pablo a Timoteo, el apóstol le aconseja:

"Por eso te recomiendo que avives la llama del don de Dios que recibiste cuando te impuse las manos."
(2 Timoteo 1:6 NVI)

¿Por qué Pablo le dice tal cosa a su discípulo? Porque bien sabía él que a medida que pasa el tiempo de haber entregado nuestra vida al Señor, llegan ataques para que esa llama vaya menguando cada vez, hasta llegar a desvanecerse.

Hoy te exhorto a ti, de la misma manera que Pablo exhortó a Timoteo: ¡Aviva tu llama! Que ese Espíritu Santo que mora en ti, no deje de arder nunca, nunca, nunca. No lo permitas.

En nuestros años como pastores, mi esposo y yo hemos visto tantas personas retroceder. Ha sido muy triste ver cómo gente que fue llamada por Dios y escogida con grandes propósitos se ha dejado seducir por las artimañas del enemigo y ha acabado fuera de los caminos del Señor. Hemos visto hasta ministros y pastores ungidos por Dios, sucumbir ante el pecado, y terminar de cabeza en el mundo. Por desgracia, dieron lugar a que se apagara el Espíritu, por medio de sus acciones. Pablo no solo exhortó a que no contristáramos al Espíritu, sino también advirtió a que no lo apagáramos (1 Tesalonicenses 5:19).

Las personas que apagan al Espíritu, son aquellas que una vez le conocieron y le sirvieron. Pero en su caminar, probaron la manzana prohibida del pecado, y en lugar de arrepentirse y apartarse, decidieron perseverar en esa vida, hasta que sus actos los llevaron lejos de Dios.

Pedro escribe acerca de este tipo de gente, y dice:

Y cuando la gente escapa de la maldad del mundo por medio de conocer a nuestro Señor y Salvador Jesucristo, pero luego se enreda y vuelve a quedar esclavizada por el pecado, termina peor que antes. Les hubiera sido mejor nunca haber conocido el camino a la justicia, en lugar de conocerlo y luego rechazar el mandato que se les dio de vivir una vida santa. Demuestran qué tan cierto es el proverbio que dice: "Un perro vuelve a su vómito." Y otro que dice: "Un cerdo recién lavado vuelve a revolcarse en el lodo." (2 Pedro 2:20-22 NTV)

No te hagas esclavo del pecado otra vez. ¡Ya Dios te sacó de ahí! No seas tú ese perro que vuelve al vómito o ese cerdo lavado que vuelve al lodo. Está claro lo que acabamos de leer. La gente que vuelve atrás, termina peor que antes.

Piensa por un momento:

¿Conoces a alguien así, que ha vuelto a su vida vieja? Quiero, que si de verdad te importa esa persona, repitas esta oración de intercesión a favor de ella.

Soberano Señor. En este momento, te pido por _____.
Mira cómo después de conocerte se ha desviado de tu camino y actualmente no te sirve. Ten misericordia de esta

persona y dale la oportunidad de arrepentirse y volver a ti. Atráelo con cuerdas de amor a tu redil nuevamente. Acércalo a ti y no lo dejes ir. Tú que eres un Dios clemente y compasivo, te ruego que tengas misericordia de este individuo, y que en este momento hagas caer las cadenas que lo atan. Que en tu nombre, toda atadura sea rota. En el nombre poderoso de Jesús, te lo pido. Amén.

También quisiera que oraras por ti mismo, porque aunque quizás pienses que estás firme, tienes que tener cuidado de no caer (1 Corintios 10:12). Recuerda que tu enemigo no desistirá de ti.

Tal vez, por el contrario, reconoces que eres uno de esos que ha dado lugar a que la llama, ya no arda en tu interior como antes lo hacía. Sea cual sea tu caso, repite esta oración:

Señor Jesús, ha sido una experiencia maravillosa el haberte conocido. Gracias por haberme dado una oportunidad y haberme escogido como tu hijo. No me quiero alejar de tu presencia ni por un instante. Sé que apartado de ti, nada soy. Te ruego por favor que me guardes de toda tentación. Dame firmeza. Dame la fuerza de voluntad que necesito para que cuando el pecado toque a mi puerta, pueda cerrar toda posibilidad de sucumbir a él. Quiero vivir para ti, hoy y cada día de mi vida. Úsame como un instrumento útil, y que la llama de tu Espíritu, siempre arda en mí. Te suplico que me libres del mal para que no me dañe. En el nombre que es sobre todo nombre, en el nombre de Jesús. Amén.

Capítulo 3: Contando a otros mi experiencia

Recordando los cuatro personajes que mencionamos en el capítulo 1, abundaremos bajo este tema, en el ciego de nacimiento que recibió la vista.

La reacción que tuvo, luego de haber sido transformado por Jesús, no fue seguirle como hizo Bartimeo; fue testificar acerca del milagro que Él había hecho en su vida.

Y para desarrollar este tópico, debemos comenzar explicando qué significa testificar.

Si buscamos la definición en el Diccionario de la lengua española (RAE), encontramos que testificar significa: Declarar, explicar y denotar con seguridad y verdad algo, en lo físico y en lo moral.

En palabras sencillas: A través de nuestro testimonio, declaramos o explicamos algo verdadero. Algo que nos sucedió, ya sea física o moralmente.

En el caso del ciego, era real y evidente que había recibido la vista. Por lo tanto él lo explicaba, lo declaraba públicamente. Había sido testigo en carne propia de lo que había ocurrido y por eso, no podía permanecer callado.

Sé que cuando experimentamos algo en nuestra vida fuera de lo común, algo que nos deja estupefactos, comenzamos a contarle a todos acerca del suceso.

En mi vida acontecieron dos sucesos similares que al momento me dejaron atónita y no podía parar de contárselo a mis conocidos. Te los contaré también a ti porque sé que ya te picó la curiosidad por saber qué fue.

En una ocasión, iba yo saliendo de una tienda y luego, a través de las noticias locales me enteré que a la misma hora que yo había salido, la tienda había sido atracada a mano armada.

En otra ocasión iba a entrar en otro comercio y mientras me estacionaba frente a la misma puerta, vi salir corriendo de la tienda a un hombre vestido como ninja con una escopeta en sus manos. La tienda acababa de pasar por un asalto en ese instante.

¿Cuál es la moraleja? ¡Nunca vaya conmigo a las tiendas! Jaja. Solo bromeo.

En serio; dos veces me libró el Señor de vivir una experiencia como esa de verme envuelta en medio de un robo.

¿Y yo qué hice? A todos mis allegados les contaba: "¿Sabías que cuando asaltaron la tienda tal, el día tal yo estaba ahí?" Saliendo o entrando, pero estaba ahí. Les decía: "Vi al ninja que robó la tienda, pero no vi su cara porque claro que iba todo tapado bajo su disfraz."

El punto es que esas experiencias me impactaron y por un tiempo no podía dejar de hablar de ellas.

Lo mismo le pasó al ciego. Experimentó un suceso que le permitió ver, y comenzó a testificar, no solo del suceso, sino también del que provocó el suceso. Contó la historia completa porque es importante decir lo que sucedió y cómo sucedió. Pero lo más importante del relato es mencionar al sujeto que hizo posible lo que sucedió.

He escuchado testimonios de gente que padecía de alguna enfermedad y tenían a un batallón de gente orando por ellos, y de momento testifican: "Ha ocurrido un milagro. Los doctores no se explican, pero hay evidencia de mi tumor en los estudios que me habían realizado, y el día de mi cirugía no me encontraron nada. ¡No se sabe qué ha pasado, pero ya estoy sano!"

¡Qué coraje escuchar algo así! ¿Cómo que no se sabe qué ha pasado? Que hagan la historia completa. Que reconozcan que las oraciones de los creyentes movieron el corazón de Dios y gracias a eso, ¡el Señor hizo el milagro! Esa es la verdadera explicación.

No dejemos al autor del milagro fuera del panorama. Él es el más importante, es el protagonista de la obra. He aquí las palabras del ahora vidente:

Él les dijo: —"El hombre al que llaman Jesús hizo lodo, me lo untó en los ojos y me dijo: "Ve al estanque de Siloé y lávate". Entonces fui, me lavé, ¡y ahora puedo ver!" (Juan 9:11 NTV)

Identificó claramente quién lo hizo. Él no lo conocía de cerca, pero había escuchado su nombre. Por eso es que lo expresó de esta manera: "el hombre al que llaman Jesús." Denotan sus palabras que anterior a ese encuentro, el hombre no tenía idea de quién era Jesús. Pero al relatar el suceso, mencionó sin obviar al que había hecho la obra.

Contó el qué y el cómo, sin dejar fuera al Quién. Esa era la parte más interesante de la historia. Ese Quién era el autor del milagro que allí había sucedido. ¡Y su nombre era Jesús!

Aprende a abrir tu boca para testificar. Ve a otros y cuéntales lo que el Señor ha hecho contigo. No tienes que haber recibido un impacto tan significativo como recibir la vista para dejar saber lo que Él hizo en tu vida.

Tal vez no has recibido la vista física, pero sí has recibido la vista espiritual. Ahora ves lo que antes no veías. Ahora ves que Dios te ama y entiendes que entregó su vida por ti. Ahora eres salvo, y eso es motivo suficiente. Eres una nueva criatura. Todo lo viejo pasó, y todo es hecho nuevo (2 Corintios 5:17).

Testificar es bien importante porque a través de lo que ha ocurrido en tu vida, otros pueden llegar también al conocimiento de Dios. Pero muchas veces nos engañamos pensando que si no hemos pasado por algo wow en el proceso de nuestra conversión, no hay nada tan grandioso que contar y nuestra experiencia no llamará la atención de nadie. ¡Mentira del diablo! Cada experiencia es única y poderosa.

No tienes que haber sido librado de demonios para contar tu testimonio. No tienes que haber vivido un pasado oscuro como haber sido un satánico o un espiritista. Tampoco tienes que haber recibido sanidad de alguna enfermedad. El hecho de que Dios te salvó, es un gran acontecimiento por sí solo que otros deben escuchar.

Si no hubiera sido porque mi tía le contó a mi mamá que había conocido a Cristo como Salvador, mi mamá no se hubiera motivado a también querer conocerlo. Mi tía no le tuvo que contar a mi mamá el milagro de sanidad que tuvo o la manera que Dios expulsó sus demonios, porque de ninguna de estas cosas ella padecía. Simplemente le contó la felicidad que sentía de haber tenido un encuentro con Jesús. Y a causa de eso, nosotros también le encontramos.

No solamente el ciego testificó. La mujer samaritana también lo hizo. Y a qué nivel. Este es un perfecto ejemplo de alguien que fue a contar a otros lo sucedido.

En un encuentro que la mujer tuvo con el Señor, se da una conversación entre ellos y sin saber ella con quién estaba hablando, le dice:

—"Sé que viene el Mesías, al que llaman el Cristo — respondió la mujer—. Cuando él venga nos explicará todas las cosas."

—"Ese soy yo, el que habla contigo" —le dijo Jesús. (Juan 4:25-26 NVI)

La mujer dejó su cántaro, volvió al pueblo y le decía a la gente: —"Vengan a ver a un hombre que me ha dicho todo lo que he hecho. ¿No será este el Cristo?" (versos 28-29)

Muchos de los samaritanos que vivían en aquel pueblo creyeron en Él por el testimonio que daba la mujer: "Me dijo todo lo que he hecho." Así que cuando los samaritanos fueron a su encuentro le insistieron en que se quedara con ellos. Jesús permaneció allí dos días, y muchos más llegaron a creer por lo que Él mismo decía. —"Ya no creemos solo por lo que tú dijiste" —le decían a la mujer; "ahora lo hemos oído nosotros mismos, y sabemos que verdaderamente este es el Salvador del mundo." (versos 39-42)

¡Qué bendición tan grande se hubiera perdido aquella mujer si se hubiera quedado callada! Si se hubiera reservado para ella aquel encuentro con el Mesías, esos muchos que creyeron en Él por su testimonio, se habrían perdido. La gente estaba tan contenta que ella les hubiera compartido lo sucedido, que le decían: "Ahora creemos no solo por tus palabras, sino también porque nosotros mismos hemos oído al Salvador."

Esta mujer se fue a testimoniar a todo el que se encontraba de frente. No tuvo vergüenza de decir con quién había hablado, a pesar de que los samaritanos no se llevaban con los judíos (verso 9). No le importó el qué dirán. Y por ser valiente y atrevida, ganó a muchos para el Señor.

¡Qué mucho tenemos que aprender de esta mujer! Ojalá fuéramos como ella, y no nos avergonzáramos.

Pablo decía: "No me avergüenzo del evangelio, porque es poder de Dios para salvación a todo aquel que cree." (Romanos 1:16 RVR 1960)

Al apóstol tampoco le daba temor decir en voz alta que había sido llamado a anunciar el evangelio de Dios (Romanos 1:1 NVI).

Sin embargo, nosotros los creyentes tenemos la verdad, pero vivimos con un miedo absurdo. Miedo a no tener la capacidad bíblica para hablar. Pensamos que no tenemos el conocimiento suficiente y nos da pánico que nos hagan preguntas y no sepamos contestar.

La realidad es que la mujer samaritana no tenía ningún tipo de conocimiento. Al revés, ella misma decía: "¿No será este el Cristo?" Pero por sí o por no, verbalizó lo que había sucedido y le decía a la gente: "Vengan a ver a este hombre."

No tenemos que esperar a tener un conocimiento amplio de las Escrituras para dar testimonio. Testificar es contar tu experiencia. Cuenta lo que Dios ha hecho, en tus propias palabras. Y si te hicieran alguna pregunta difícil, para la cual no tienes respuesta, diles: "Esa no la sé, pero buscaré ayuda de alguien más capacitado en el evangelio, y te traeré la respuesta." Así de simple.

Y usted dirá: "¡Ay pastora, pero quedaría en ridículo!" "Van a pensar que qué clase de cristiano soy." Olvídate de lo que piense o diga la gente. Piensa que el Señor se sentirá tan orgulloso de ti, que pondrá tu cabeza en alto y te bendecirá de una manera que jamás podrías imaginar.

Jesús dijo: "Si alguien se avergüenza de mí y de mis palabras, el Hijo del hombre se avergonzará de él cuando venga en su gloria." (Lucas 9:26 NVI)

Yo no sé de ti, pero lo menos que quiero es que mi Papá se avergüence de mí. Por lo tanto, yo no me avergonzaré de Él.

Si tienes dificultad para hablar, no te intimides. Dios te quiere usar de todos modos. Él escogió a Moisés, quien era tardo en el habla y torpe de lengua (Éx. 4:10 RVR 1960).

Moisés le presentó esta y otras excusas al Señor para que enviara a otro. No obstante, sus excusas no contaron para Dios.

El Señor le dijo: "Ahora pues, ve, y yo estaré con tu boca, y te enseñaré lo que hayas de hablar."
(Éxodo 4:12 RVR1960)

Aun cuando pienses que no sabes hablar, ni sabes qué decir, no tengas miedo de abrir tu boca, porque Dios va a fluir a través de tus palabras. Y tú ni te imaginas la vida que puede ser inspirada por medio de lo que sale de tus labios.

Tengo la bendición de haberme ganado a mi esposo para Cristo. En octavo grado, en una guagua escolar, camino a una excursión, la muestra preguntó antes de salir si alguien quería orar. Yo levanté la mano y ella me cedió el permiso para hacer una oración por protección. Al terminar, concluí mi oración con la frase, en el nombre de Jesús. Amén. Entonces Carlos, mi compañero de escuela en aquella época, se me acercó durante el viaje y me preguntó que quién era Jesús para mí. Le testifiqué que era mi Salvador. El hijo de Dios que había entregado su vida por cada uno de nosotros en la cruz. A partir de ese momento, él me identificó como cristiana.

Años más tarde, apareció en mi casa un día preguntando que dónde estaba ubicada mi iglesia para que sus papás la visitaran, ya que andaban en la búsqueda de una iglesia evangélica. Al siguiente domingo sus papás llegaron, y un tiempo después, llegó él también y le entregó su vida a Jesús.

¿Qué habría pasado si aquel día me hubiera avergonzado del Señor y en aquel autobús me hubiera quedado callada? No habría sido instrumento del Señor para traer una familia a los caminos de Cristo.

Mi oración por ti hoy es que no te avergüences, y que le permitas a Dios usarte. Que a partir de este momento puedas comenzar a testificar, sin temor alguno.

Hay muchas maneras de hacerlo. Hasta por escrito lo puedes hacer, si deseas. Hasta por las redes sociales puedes relatar tu testimonio. Envía cartas, envía emails, haz de todo, menos quedarte con la boca cerrada. Eso es lo que quiere el enemigo. Pero si Dios transformó tu vida de alguna manera, es para que le glorifiques y no te quedes callado (Salmos 30:12 NVI).

Oración:

Señor; gracias por lo que has hecho en mi vida. Gracias por haberme salvado y por haberme dado la oportunidad de conocerte. Sé que la obra que has hecho en mí, es algo grande, aunque tal vez otros no lo vean. Pero sin importar la opinión de los demás y sin importarme el qué dirán, ya no quiero tener más excusas. Quiero poder abrir mi boca y testificar lo que hiciste conmigo. Empodérame y dame la capacidad de hablar. Que a través de mi testimonio, otros puedan llegar a conocerte. Pon tus palabras en mí, y úsame como quieras usarme. En el nombre poderoso de Jesús. Amén.

Capítulo 4: Glorificando a Dios con mi vida

El hombre leproso del cual hablamos en el capítulo 1 es el vivo ejemplo de una persona que alaba y glorifica a Dios. Luego de haber sido impactado por Jesús al recibir su milagro, regresó agradecido a glorificar al que había hecho la obra.

¿En alguna ocasión has tenido un buen gesto con alguien, y esa persona ni las gracias te ha dado? A mí me ha pasado. No es que uno hace algo para que le anden dando gracias continuamente, pero una simple reacción de gratitud, suele sentirse agradable.

Por otro lado, puede que a veces compartamos un simple detalle con un individuo, y ante nuestros ojos no pareciera algo tan significativo, sin embargo, notamos en esa persona un alto nivel de gratitud.

Hace poco fui a República Dominicana. Siempre que voy para allá, me dedico varias semanas antes a observar todo lo que tengo en mi closet. Muchas veces encuentro ropa sin estrenar, hasta con tickets, y enseguida me doy cuenta de lo bendecida que soy y de la abundancia que tengo. Así que me dedico a preparar una o dos maletas de cosas para regalar. Al llegar allá comienzo a repartir, de acuerdo a los tamaños de la gente que conozco.

En este pasado viaje le llevé unos vestidos a una niña que ha marcado mi corazón, llamada Felicia. Una de mis hijas, también hizo recogido de closet, y de ahí le llevé a ella unas cuantas piezas de ropa. La pobrecita estaba tan contenta y agradecida, que hizo que el pastor le grabara un vídeo con su celular y me lo enviara. Me daba las gracias en la pequeña grabación. No conforme con eso, hizo que la muchacha encargada de la misión que tenemos allá le tomara una foto y me la enviara. Al domingo siguiente asistió a su iglesia, usando otro de los trajes que le llevé, y volvió a su pastor para que le tomara fotos y me las enviara. ¡Mi corazón se regocijaba tanto al verla! Eso es verdadera gratitud. Ella quería asegurarse de que yo recibiera las gracias de su parte.

Cuando el Señor transforma nuestra vida, tenemos dos opciones: Número uno, seguir contentos nuestro camino y continuar viviendo con el gozo del momento; o número dos, reconocer a Aquel que nos cambió, y vivir agradecidos con Él por el tiempo que nos resta de vida.

La porción de Lucas 17:11-17 en la versión Reina Valera nos dice que eran diez los que tenían la misma condición de lepra, pero solo uno regresó glorificando a Dios y se postró a sus pies dándole gracias.

Esto significa que no todos los que tienen un encuentro con el Señor, son agradecidos. También significa que no todos los que reciben un milagro de Dios, lo reconocerán y lo glorificarán por lo que Él ha hecho en ellos.

La gratitud puede ser un sentimiento pasajero. Por ejemplo, tú puedes haber sido bien bueno con una persona. Puedes haber dado la milla extra por ese individuo. Y por un tiempo, esa persona te agradece. Pero si en algún momento te llama con una necesidad, y por alguna razón no pudiste resolverle en ese instante, se olvida de todo lo bueno que hiciste y se enfoca en el momento que no estuviste. Aunque tengas una justa razón por la cual no pudiste estar ahí. Tal vez hayas experimentado eso con alguien.

Así es el ser humano. Y los cristianos no estamos exentos de eso. ¡Qué muchas veces, Dios obra a nuestro favor y qué muchas veces somos tan malagradecidos y nos olvidamos de lo que Él hizo y de dónde nos sacó! Nos da amnesia espiritual y seguimos nuestro camino como si nada.

Aquel leproso tenía que regresar. No podía continuar su camino como los demás, sin antes volver a darle gracias a Jesús por haberle bendecido con semejante milagro.

En mi vida tengo la práctica de hacer pequeñas oraciones de acción de gracias en el momento que veo la mano de Dios obrando a mi favor. Detengo por un instante lo que estoy haciendo y comienzo a darle gloria, diciendo: "¡Gracias Papito!" "¡Gracias mi Señor por haber sido tan bueno conmigo y bendecirme de tal manera!"

Y esto no es fanatismo (aunque si quieres llamarme fanática, no me molesta porque un fanático es un apasionado de lo que cree), ¡y sí, creo con pasión en mi Señor! Creo que Él ha sido más que bueno. Creo que Él me da mucho más de lo que merezco. Por eso le honro y no dejo que se me escape ninguna oportunidad para mostrarle mi gratitud. Por eso le agradezco en el momento que veo su favor, porque pudiera ser que cuando llegue la noche, se me olvide mencionar la acción de gracias en mi oración.

Tenemos que ser agradecidos. Al contemplar lo que éramos y lo que ahora somos, debemos darle gracias a Dios. Al mirar a nuestro alrededor y ver a otros que la tienen peor que nosotros, debemos asumir una actitud de agradecimiento al Rey de reyes y al Señor de señores.

El apóstol Pablo nos exhorta a que demos gracias en todo. Va más allá y nos dice que dar gracias es la voluntad de Dios (1 Tesalonicenses 5:18). Así que Dios quiere que tengamos gratitud por lo que nos ha dado.

Cuando como padres nos esforzamos y complacemos a nuestros hijos con algo que ellos anhelan, queremos que ellos sean agradecidos y que valoren lo que le hemos regalado. De igual manera, nuestro Padre quiere que seamos agradecidos por todo lo que nos ha entregado. Entregó por ti su propia vida. La salvación es lo más grande que te pudo haber dado. Le costó dolor, sufrimiento y sacrificio; entonces apréciala y valórala.

Usted preguntará: ¿y cómo puedo mostrar que estoy agradecido? Aquí la respuesta: no solo dando gracias a Dios y reconociendo que nuestras bendiciones provienen de su parte, sino viviendo para Él. Eso es glorificarle.

El leproso hizo dos cosas: agradecerle y glorificarle.

Agradecer es reconocer a la persona que te ha hecho un favor y tener la intención de corresponderle.

Glorificar es dar tratamiento de glorioso a alguien. En otras palabras, tratar a ese ser con honra, con alabanza y con exaltación.

Bajo el término de agradecimiento, tú puedes tener la mejor intención de corresponderle a quien te ha hecho el favor. Pero eso no significa que logres corresponderle como es debido. Al Señor nunca podremos corresponderle como Él se merece, porque jamás podríamos pagar o igualar el sacrificio que hizo por nosotros en la cruz. En cambio, Él es tan justo y comprensivo que aunque sabe que no hay manera de poder devolverle el favor, se conforma con un corazón agradecido y sometido a Él.

Entonces, glorificarle, es ir más allá de agradecerle. Glorificarle es entronar en nuestro corazón agradecido a Aquel que se merece el trato de honra. Nuestro Dios Supremo es el único digno de tener la gloria divina.

Sería ideal que un creyente agradecido, también le glorifique, pero no necesariamente siempre ocurre así. No todos los cristianos agradecidos viven de manera que glorifica a Dios. Pero sí, un cristiano que glorifica a Dios, es una persona agradecida que le reconoce como merecedor de toda la exaltación y de toda la alabanza. Y por eso vive para Él de manera reverente.

Abundando en eso un poco más, un cristiano que glorifica a Dios es uno que vive con temor, y muestra con su conducta que el Señor lo ha transformado. Enaltece a Dios con su modo de vivir.

Y cuando hablamos de vivir con temor a Dios, no nos referimos a vivir con miedo a Él. Ese no es el tipo de temor al que nos referimos. El sentir temor a Dios es sentir admiración, respeto y reverencia por quien es Él.

Vivir en temor a Dios, es glorificarle. Es tratarle con veneración en nuestra vida. Lo glorificamos con nuestra forma de ser, con la manera en que nos comportamos. Somos ejemplo a los demás de que Cristo es real en nosotros, y por ende hablamos diferente y actuamos diferente para agradar al que nos sacó de las tinieblas y nos trajo a su luz.

Pedro nos amonesta: "Mantengan entre los incrédulos una conducta tan ejemplar que, aunque los acusen de hacer el mal, ellos observen las buenas obras de ustedes y glorifiquen a Dios en el día de la salvación."
(1 Pedro 2:12 NVI)

Significa esto que habrá gente que no conoce al Señor, pero que al observar nuestra conducta ejemplar como cristianos, reconocerá a Dios. ¡Tu vida puede ser motivo para que otros glorifiquen a Dios! Nuestra manera de ser, habla más que mil palabras.

Tú puedes decirle a la gente con tu boca que Dios ama, libera, restaura y salva, pero si con tu manera de vivir no muestras que eres salvo, tus palabras no sirven de nada. Ahora bien, el día que la gente te vea mostrando amor, gozo, paz, paciencia, amabilidad, bondad, fe, humildad y dominio propio, querrán ser como tú y desearán encontrar lo que tú has encontrado.

Esas nueve cualidades que acabamos de mencionar se conocen como los frutos del Espíritu (Gálatas 5:22-23). Y los mismos deben ser evidentes en la vida de cada persona que ha sido transformada por Dios.

Todo cristiano debe dar fruto nuevo y agradable. Ya no debe andar en odio, ni en discordias, ni en envidia, ni en ira. (Léase el capítulo completo de Gálatas 5)

Estas acciones no glorifican a Dios; por el contrario, lo desprecian y lo deshonran. Dice esa porción que si somos de Cristo tenemos que crucificar nuestra naturaleza pecaminosa, y andar guiados por el Espíritu (verso 25).

Si algo persigo en mi vida, es ser agradecida a Dios. Él me ha dado tantas cosas, por lo tanto, tengo demasiadas razones para corresponderle con gratitud. A mí no me sanó de lepra, obviamente, pero me sanó de mi intestino cuando estuve a punto de morir.

No conforme con eso, depositó sobre mí, dones y talentos, los cuales quiero usar para glorificarle.

Tú puedes glorificar el nombre de Jesús con tu vida. Pero también con tu vida puedes ultrajar su nombre. En este caso, consecuencias lamentables te alcanzarán.

En la Biblia, el rey de Babilonia, llamado Nabucodonosor no quiso glorificar a Dios mientras tuvo la oportunidad. Mientras estaba feliz y lleno de prosperidad no reconoció que sus riquezas y fama le habían llegado porque así le había placido al Señor. Así que por su actitud de maldad y de prepotencia, Dios permitió que se convirtiera en una bestia. Luego de ese tiempo de maldición en su vida, entonces reconoció al Rey del cielo. He aquí sus palabras:

"Recobré el juicio, y al momento me fueron devueltos la honra, el esplendor y la gloria de mi reino. Mis consejeros y cortesanos vinieron a buscarme, y me fue devuelto el trono. ¡Llegué a ser más poderoso que antes! Por eso yo, Nabucodonosor, alabo, exalto y glorifico al Rey del cielo, porque siempre procede con rectitud y justicia, y es capaz de humillar a los soberbios." (Daniel 4:36-37 NVI)

Tuvo que pasar por un tiempo de odisea en su vida, para percatarse de quién era Dios, y entonces alabar, exaltar y glorificar su nombre.

Yo espero que en tu caso, no tengas que pasar por un trauma o una tragedia para que le reconozcas, sino que desde ya, tu vida sea reflejo de un transformado que glorifica a Dios con todo lo que ha recibido de Él.

El Salmo 50:23 NVI dice: "Quien me ofrece su gratitud, me honra; al que enmiende su conducta le mostraré mi salvación."

Cada vez que somos agradecidos con Dios, le honramos. Pero cuando vamos más allá y además de agradecer, corregimos nuestra manera de vivir, entonces seremos nosotros los honrados por Él. Quiere esto decir que el Señor procederá a bendecirnos de manera incomprensible. Nos sorprenderá con sus favores inmerecidos.

Puede que pienses que eso no es posible. Quizás estás de acuerdo conmigo en que somos nosotros los que debemos honrarle a Él con nuestro estilo de vida, pero tal vez pienses que Dios no tendría por qué honrarnos a nosotros.

Cierto es, no tendría que hacerlo. Él no nos debe nada a nosotros. Somos nosotros los que le debemos a Él, pero en su bondad, lo hace. Nos honra porque le place hacerlo. Claro que no todos los que siguen a Dios, son honrados por Él.

La Palabra es clara cuando dice que Él honra al que le sirve. Así lo dijo Jesús en Juan 12:26 NTV:

"Todo el que quiera servirme debe seguirme, porque mis siervos tienen que estar donde yo estoy. El Padre honrará a todo el que me sirva."

No solo Él honra al que le sirve, sino también, honra al que le honra.

1 Samuel 2:30 NTV: Por lo tanto, el Señor, Dios de Israel, dice: "prometí que los de tu rama de la tribu de Leví me servirían siempre como sacerdotes. Sin embargo, honraré a los que me honran y despreciaré a los que me menosprecian."

Estas dolorosas palabras le fueron pronunciadas al sacerdote Elí porque había pecado contra Jehová. Honraba a sus hijos más que a Dios. Así que el Señor lo descartó a él y a su familia. Como consecuencia de su gravísimo error, tanto Elí como sus dos hijos murieron el mismo día. (Véase 1 Samuel 4:10-18)

Sé muy bien que como seres de carne y hueso, fallamos. Constantemente erramos en nuestra manera de conducirnos delante de Dios. Pero dentro de tus faltas, que tu error no sea honrar más otras cosas que a tu Creador.

Que tu esposo o esposa no sean más importantes que Dios. Que tus hijos no vayan por encima del Señor.

Dios honrará al que le honra y al que le sirve. Al que le pone por sobre todas las cosas. Dios honra a aquellos que le tratan con temor y reverencia.

Hace un ratito leímos el Salmo 50:23 de la NVI. En la NTV lo dice así: Pero el dar gracias es un sacrificio que verdaderamente me honra; si permanecen en mi camino, les daré a conocer la salvación de Dios.

Aquel leproso del que hablamos al principio honró a Jesús en el momento que regresó a darle gracias. Y a causa de su acción, no solo recibió sanidad física, sino también recibió salvación. Los otros nueve recibieron solo sanidad, pero este fue doblemente bendecido. Recibió sanidad y salvación.

Jesús le dijo: "¿No son diez los que fueron limpiados? Y los nueve, ¿dónde están? ¿No hubo quien volviese y diese gloria a Dios sino este extranjero? Levántate, tu fe te ha salvado." (Lucas 17:17-19 RVR1960)

Dios quiere bendecirte con mucho más de lo que crees. La pregunta es: ¿Eres agradecido y le glorificas? ¿Le honras con todo tu ser? Si tu respuesta es no, pero dispones tu corazón a que eso cambie, ora al Señor:

Dios, perdóname por las veces que no reconozco las bendiciones que me das, y continúo mi vida sin detenerme a darte gracias. Deseo mostrarte mi gratitud. Ayúdame a glorificarte y a reconocerte como el autor de cada una de mis bendiciones. Quiero glorificarte de tal manera que todo el mundo vea que ya no soy el mismo. Lléname de tu amor, de tu paz y de tu gozo. Hazme dar frutos que te agraden. Ayúdame a ser de ejemplo y a mostrar que Tú eres real en mi vida. Quiero honrarte con todo lo que soy. Decido hoy darte el primer lugar y servirte como solo Tú mereces. En el nombre de Jesús. Amén.

Capítulo 5: Haciendo su voluntad

¿Alguna vez como padre le has dado una instrucción a tu hijo, y el muchachito ha hecho lo que le da la gana, y no lo que le dijiste? Eso se llama desobediencia. ¡Qué disgusto nos causa eso!, ¿verdad? Así mismo le causamos disgusto a Dios cuando somos desobedientes a Él.

En el capítulo anterior hablamos de lo que es glorificar a Dios y darle honra. Pues permíteme decirte que parte muy importante de honrarle es hacer su voluntad.

Es esencial y prioritario vivir bajo la voluntad de Dios si queremos honrarle. ¡Pero qué difícil es hacer la voluntad de Dios! Someternos a ella, cuesta y duele. Y no solo eso, comprender su voluntad, muchas veces no cabe en nuestra mente humana.

Después de mi tercera cirugía, pensaba que ya todo había quedado resuelto. Pensaba que como en mi proceso de recuperación había sido obediente a su Palabra y había escrito un libro, el Señor me devolvería la salud y no tendría que pasar por más procesos. Pero lamentablemente no fue así. Un año y cuatro meses más tarde de esa operación, me enteré que la misma no había funcionado y que tendría que ser sometida nuevamente.

¡No saben lo que lloré! Fue muy doloroso para mí, volver a escuchar aquellas palabras que pensaba que nunca más escucharía: "Necesitas cirugía." Pero ¿cómo Dios? ¿Por qué? No entendía por qué mi Dios permitiría algo así. Recuerdo que comencé a orar de esta manera: "Señor, el hecho de que necesite cirugía no significa que la tendré. Tú puedes sanarme, sin necesidad de la misma. Sáname para que no necesite enfrentarme a ese gigante de nuevo."

Pero al Señor no le plació hacerlo a mi manera. Continué orando, esta vez por desaprobación de parte del plan médico. Obviamente si no tenía aprobación, no habría cirugía. Entonces ahora oraba: "Señor, por favor que no me aprueben esta operación. Si no me la aprueban entenderé que Tú me vas a sanar sin necesidad de pasar por esto. Cierra toda posibilidad de que me aprueben, por favor." Oraba: "Te lo ruego; pasa de mí esta copa."

Pero otra vez, al Señor no le plació hacerlo a mi manera, y un día llegó la carta donde el seguro aprobaba el procedimiento. ¡Volví a llorar y llorar! Estaba descorazonada. No podía creer que Dios me sometiera a lo mismo otra vez.

Así que un día mientras oraba, pensé en Jesús. Vino a mi mente la oración que le hizo a su Padre antes de pasar por la vía dolorosa que lo conduciría a la Cruz. Sabiendo muy bien el dolor y el sufrimiento que le esperaba, rogó a Dios que si era posible pasara de Él esa copa.

De la misma manera oraba yo antes de la cirugía, porque claro, cuando sabes lo que te espera, te desesperas.

La diferencia entre la oración de Jesús y la mía, era que la de Él estaba completa. La mía, estaba incompleta. Yo solo decía: "Si es posible, pasa de mí esta copa." La de Jesús decía:

"¡Padre mío! Si es posible, que pase de mí esta copa de sufrimiento. Sin embargo, quiero que se haga tu voluntad, no la mía." (Mateo 26:39 NTV)

¿Ves? Ahí está la diferencia entre lo que pedía Jesús y lo que pedía yo. Yo solo pedía la primera parte: que esa copa de sufrimiento pasara de mí. Pero Jesús, además de eso, pedía: "pero que se haga tu voluntad y no la mía."

Esa mañana en oración y lágrimas repetí toda la oración de Jesús. Le dije al Señor que fuera hecha su voluntad y no la mía.

¿Y qué sucedió? En noviembre del 2020 pasé por la copa de sufrimiento. Me volvieron a operar porque así lo quiso el Señor. Pude haberme puesto rebelde contra Dios, pero decidí no hacerlo. Decidí acatar su voluntad y creer que su plan era fiel y era seguro. Me aferré a esta Palabra cuando más la necesitaba:

"Señor, Tú eres mi Dios; te exaltaré y alabaré tu nombre porque has hecho maravillas. Desde tiempos antiguos tus planes son fieles y seguros." (Isaías 25:1 NVI)

Alabar a Dios y exaltarle, depende de ti. O decides creer que Él es Soberano y sabe lo que hace y por eso confías en Él; o te enojas porque su voluntad no te agrada, y decides salirte de la carrera como cristiano, como hacen muchos. Tú decides.

Si el mismo Jesús decidió someterse a la voluntad del Padre a pesar del sufrimiento que tuvo que pasar, ¿quiénes somos nosotros para no someternos?

La voluntad de Dios, muchas veces nos dejará perplejos y nos causará confusión. La realidad es que dentro de nuestra mente finita, la voluntad de Dios nos puede parecer injusta. La misma, puede resultar incomprensible y sin sentido en nuestro razonamiento.

¿Creen que a Abraham le hizo sentido que Dios le ordenara sacrificar a su hijo, luego de haber esperado tanto por su llegada? Dios le había dado promesa de que tendría un hijo, el cual demoró alrededor de 25 años en nacer. Y un tiempo después de tenerlo, Dios le dice que lo sacrifique. Ten por seguro que a Abraham no le hizo el más mínimo sentido que esa fuera la voluntad de Dios. Pero la obedeció, y por ende, Dios le permitió continuar disfrutando de la vida de su hijo. No se lo quitó porque vio el sometimiento de Abraham a su voluntad (Génesis 22:1-18).

La Palabra dice que la voluntad de Dios es buena, agradable y perfecta (Romanos 12:2). Sin embargo, cuando esa voluntad no está alineada con la nuestra, nos parece una locura. Entonces nos obstinamos en hacer nuestra voluntad, y tristemente al final nos damos cuenta que nuestro designio nos llevó en el camino contrario al de Dios. Hacer la voluntad de Dios requiere obediencia. Jesucristo fue obediente.

Dice Filipenses 2:7-9 (NVI): Por el contrario, se rebajó voluntariamente, tomando la naturaleza de siervo y haciéndose semejante a los seres humanos. Y al manifestarse como hombre, se humilló a sí mismo y se hizo obediente hasta la muerte, ¡y muerte de cruz! Por eso Dios lo exaltó hasta lo sumo y le otorgó el nombre que está sobre todo nombre.

Vemos claramente en esta porción que Jesús se rebajó, y lo hizo voluntariamente. Dice también que se hizo obediente hasta la muerte. ¡Y por eso, Dios lo exaltó!

Jesús sabía la consecuencia de hacer la voluntad del Padre. Aún así, le dijo en oración que se hiciera su voluntad, como dijimos horita. Así le costara la muerte, quería ser obediente. Y por causa de su obediencia, Dios lo premió otorgándole el nombre que es sobre todo nombre; Jesucristo El Salvador. ¡A Él sea la gloria por siempre!

Hacer la voluntad de Dios es sumamente difícil. Requiere sacrificio. Pero cuando la obedecemos aunque no la entendemos, Dios bendice como lo hizo con Jesús, como lo hizo con Abraham, y como lo hizo conmigo.

Ahora bien, cuando sabemos la voluntad de Dios, y nos oponemos a ella, sin acatarla, ¡ay! Pobre de nosotros, porque abriremos un portal de maldición sobre nuestra vida.

Soy muy temerosa de Dios cuando se trata de hacer algo que Él manda. Y aunque lo que Él ordene no sea de mi agrado, lo hago sin pensarlo mucho, porque sé que si me pongo a analizarlo, me entrará un frío olímpico que me hará dudar y echar para atrás.

Recientemente mi esposo recibió una llamada para ir a Ucrania a ayudar los refugiados. Mientras él escuchaba por speaker a la persona que le hablaba para reclutarle, yo también a su lado escuchaba la conversación telefónica. De inmediato comencé a hacerle señas de no, con mi cabeza.

Al finalizar la llamada le dije rotundamente que no, que para allá, él no iba. Le dije: "Ese viaje es muy peligroso y arriesgas tu vida. Si mueres por allá, ¿qué será de nuestra familia y de la iglesia?" Tuve mil razones en la carne para decirle que no.

En cambio, él me dijo: "¿Por qué no oramos para ver cuál es la voluntad de Dios?" Con eso me calló. ¡Qué mucha razón tenía! Toda esa mañana me aparté para orar y buscar confirmación. Decididamente, haríamos lo que Dios dijera, nos gustara o no.

Esa mañana, Dios me dijo: "Soy un Dios que salva y libro de la muerte. Aplastaré la cabeza de sus enemigos y lo regresaré. Lo haré volver de las profundidades del mar."

¡Wow! ¡Con qué claridad me habló Dios! Así que, me armé de valor. Sin duda alguna estaría confiada en mi espíritu, aunque en la carne estuviera triste. Pero le creí a Dios, y lo sigo haciendo cada día.

Hacemos nuestra parte; le obedecemos, y Él hace la suya, nos bendice. Y así fue. Mi esposo fue y vino, en un abrir y cerrar de ojos. Sano y salvo. ¡Dios es bueno y fiel! Él siempre cumple su Palabra.

El obedecer a Dios conlleva un alto costo. Es el costo de sacrificar el yo. Sacrificar mis deseos y sustituirlos por los deseos de Dios, porque a la larga, lo que yo deseo podría resultar en destrucción para mí. Pero lo que Dios desea es lo que resultará en beneficio para mí. Pero claro, a nadie le gusta sacrificar nada.

La Biblia es bien clara cuando nos dice lo siguiente:

"Si alguno viene a mí y no sacrifica el amor a su padre y a su madre, a su esposa y a sus hijos, a sus hermanos y a sus hermanas, y aun a su propia vida, no puede ser mi discípulo. Y el que no carga su cruz y me sigue, no puede ser mi discípulo." (Lucas 14:26-27 NVI)

Tiene que haber sacrificio de nuestra parte. Esta porción no significa que abandones a tu esposa y a tus hijos para convertirte en seguidor de Cristo. Lo que significa es que el amor a ellos no puede estar por encima del amor a Dios. Quiere esto decir que en ocasiones tendrás que sacrificar el tiempo de familia por la causa del reino. Habrá veces que tendrás que reprogramar salidas familiares de diversión, precisamente porque necesitan pasar tiempo juntos con Dios en oración.

Es poner lo primero, primero. No te sientas mal padre por eso. De qué valdría no sacrificar nunca el tiempo recreativo con tus hijos, y que algún día, aborrezcan la iglesia porque no los llevaste, ni les enseñaste a amar la casa de Dios.

Hay que tomar la cruz y seguirle para poder ser su discípulo. Hay que aprender a doblegar lo que la carne desea y acatar lo que el Espíritu desea. Esa es la voluntad de Dios. Tenemos que obedecer lo que Él nos manda, si queremos experimentar una vida plena.

Fueron muchas las veces en el Antiguo Testamento, en que el Señor le habló a su pueblo escogido acerca de la importancia de obedecer para alcanzar el éxito.

En Deuteronomio 11:26-28 (NVI) les dice:

"Hoy les doy a elegir entre la bendición y la maldición: bendición, si obedecen los mandamientos que yo, el Señor su Dios, hoy les mando obedecer; maldición, si desobedecen los mandamientos del Señor su Dios y se apartan del camino que hoy les mando seguir."

Las instrucciones fueron bien explícitas. Era decisión de ellos; recibirían bendición si obedecían, o recibirían maldición si desobedecían. Pero eran tercos. Se la pasaban haciendo su propia voluntad y no la de Dios. Por eso no avanzaban y se quedaban estancados, dando vueltas en el mismo lugar.

Si queremos progresar en la vida, tenemos que servirle a Dios con actitud de obediencia. Si pretendemos recibir de Él las cosas que le pedimos, el obedecer es un requisito indispensable.

"Y recibiremos de Él todo lo que le pidamos porque lo obedecemos y hacemos las cosas que le agradan."
(1 Juan 3:22 NTV)

La triste realidad es que todos queremos recibir, a cambio de nada. Queremos que Dios conceda nuestras peticiones, pero no estamos dispuestos a obedecerle. Le pedimos y le exigimos que nos ayude a resolver nuestras situaciones, pero cuando Él demanda de nosotros obediencia, nos da la pataleta y terminamos haciendo nuestra voluntad y no la suya. Actuando así, será imposible que Dios responda a nuestras exigencias.

Me agrada tanto lo que el rey David le pedía al Señor en oración:

"Enséñame a hacer tu voluntad, porque Tú eres mi Dios. Que tu buen Espíritu me lleve hacia adelante con pasos firmes." (Salmos 143:10 NTV)

Pidámosle al Señor que nos enseñe a hacer su voluntad.

Algún día, llegaremos a las puertas del reino de los cielos. Pero, infortunadamente no todos entrarán por ellas. Dice la Biblia que a los que se les permitirá la entrada, será a aquellos que vivieron haciendo la voluntad del Padre. Solo esos podrán entrar.

Mateo 7:21 NTV "No todo el que me llama: "¡Señor, Señor!" entrará en el reino del cielo. Solo entrarán aquellos que verdaderamente hacen la voluntad de mi Padre que está en el cielo."

¿Quieres lograr alcanzar la entrada al reino celestial? Vive verdaderamente haciendo su voluntad. Obedécele, aunque te cueste, y el Señor te la concederá.

Oración: Padre, dame la firmeza para negarme a mis deseos. Dame el valor para someterme a lo que Tú quieres, y no a lo que yo quiero. Permíteme reconocerte cada vez que soy bendecido por ser obediente a ti. Aleja de mi vida todo aquello que me aparte de ti. Dame sabiduría para no ser desobediente. No quiero ser culpable y acarrear maldición. Ayúdame a practicar la obediencia y a cumplir con tu voluntad. En el nombre de Jesús. Amén.

Capítulo 6: Dejando mi pasado atrás

Todos, todos, todos tenemos un pasado. Algunas personas tienen un pasado más oscuro o complicado que otras, pero ciertamente, todos tenemos un pasado.

Cuando venimos a los pies del Señor y nos arrepentimos de todo lo que hemos hecho, Él olvida nuestro pasado.

Dice la Palabra en Miqueas 7:19 (RVR 1960): Él volverá a tener misericordia, y sepultará nuestras iniquidades, y echará a lo profundo del mar todos nuestros pecados.

Quiere esto decir que Dios entierra nuestra vileza. ¿No me crees? Leamos esta otra porción:

"Pero yo, que soy tu Dios, borraré todos tus pecados y no me acordaré más de todas tus rebeldías."
(Isaías 43:25 TLA)

Más claro, no puede estar. Dios borra el pecado y ya no se acuerda del perverso pasado que pudimos haber vivido. ¿Todavía no puedes creerlo? Leamos otra porción más:

"Yo les perdonaré todas sus maldades, y nunca más me acordaré de sus pecados." (Hebreos 8:12 TLA)

Queda comprobado bíblicamente que aquellos que han aceptado a Jesús en su vida, son perdonados, y sus pecados son olvidados por parte de Él.

El asunto es que Dios perdona y olvida, pero el hombre no. Mientras más lóbrego haya sido nuestro pasado, más difícil se le hará a nuestros conocidos aceptar nuestro presente.

Así es la gente de este mundo; no concibe el perdón y la misericordia de Dios.

Pero si esto es triste, más triste es que nosotros mismos no creamos que ya Dios nos perdonó, y sigamos arrastrando con el saco de la vergüenza de lo que hicimos en el pasado.

Si ya Dios te perdonó, perdónate tú mismo. Si ya Dios te limpió, no permitas que el diablo te saque en cara el error que cometiste ayer. Levántate y sigue caminado, con la certeza que el que miras en el espejo hoy, no es el mismo que erró ayer. ¡Por la gracia de Dios, ya has sido lavado!

Cuando el enemigo venga a echarte en cara el pasado, declárale tu futuro. Recuérdale que ya no eres aquel que iba camino al infierno. Aclárale que ahora eres nueva criatura y que el sello del Espíritu Santo con el que has sido marcado, te asegura que vas encaminado al cielo.

Deja de vivir en el pasado. No te atormentes más por eso. ¿Te imaginas que Pablo hubiera vivido sus años de cristiano como el perro arrepentido del Chavo del 8?; ¿con el rabo entre las piernas? Si hubiera vivido con la pena por todo el mal que había hecho, no hubiera logrado nada como apóstol.

En la parte uno de su vida como perseguidor de la iglesia, había causado muchos males. Vemos en Hechos 8:1 que había dado consentimiento en la muerte del inocente Esteban, un hombre lleno de la gracia y del poder de Dios (Hechos 6:8).

Pero cuando recibió el Espíritu Santo, como dijimos en el capítulo 2, comenzó a entender que ya la parte uno de su vida había quedado atrás, y que ahora se extendía a la parte dos, la cual sería muchísimo mejor. Comenzó a caminar sin mirar para atrás. Veamos sus palabras:

"No es que ya lo haya conseguido todo, o que ya sea perfecto. Sin embargo, sigo adelante esperando alcanzar aquello para lo cual Cristo Jesús me alcanzó a mí. Hermanos, no pienso que yo mismo lo haya logrado ya. Más bien, una cosa hago: olvidando lo que queda atrás y esforzándome por alcanzar lo que está delante, sigo avanzando hacia la meta para ganar el premio que Dios ofrece mediante su llamamiento celestial en Cristo Jesús." (Filipenses 3:12-14 NVI)

Él decía que admitía que no era perfecto, pero que seguía hacia adelante. Él reconocía que le faltaban muchas cosas por alcanzar. Por ende, olvidaba lo que estaba atrás y proseguía hacía lo que estaba al frente.

¡Sigue avanzando como Pablo! Que el diablo no te detenga. El pasado es pasado, y Dios es un Dios que apunta hacia el futuro. Es obvio que no puedes cambiar tu pasado, pero sí puedes revolucionar tu futuro.

El mismo apóstol Pablo nos exhorta en Efesios 4:22-24 (NVI):

Con respecto a la vida que antes llevaban, se les enseñó que debían quitarse el ropaje de la vieja naturaleza, la cual está corrompida por los deseos engañosos; ser renovados en la actitud de su mente; y ponerse el ropaje de la nueva naturaleza, creada a imagen de Dios, en verdadera justicia y santidad.

En palabras sencillas, Pablo está diciendo: "Quítense la ropa vieja esa que usaban en su antigua vida de pecado, y pónganse la ropa nueva que representa la imagen de Dios."

Qué mal luciría que un albañil que trabaja en construcción de lunes a viernes, vaya vestido los domingos a la iglesia con la misma ropa de trabajo que usa toda la semana. Los hermanos le preguntarían: "¿Vienes corrido del trabajo?" - "No." Y de nuevo le preguntarían: "¿Ah pues del culto sales corrido para el trabajo?" -"No, para mi casa." Tal vez si los hermanos son un poco discretos, no se atreverían a volver a preguntarle una tercera vez: "¿Pues y por qué vienes vestido con la ropa de trabajo?" Pero seguramente lo pensarían. Si fuera conmigo que se topara el hermano albañil, ten por seguro que yo sí le haría la tercera pregunta.

Usualmente no vestimos para la iglesia o para una boda, o cualquier otro evento, como vestimos diariamente para el trabajo. Porque en nuestra mente humana razonamos que no nos podemos ver igual. Que nos veríamos mal, y que por consiguiente, tiene que haber una diferencia.

Entonces, eso es lo que Pablo decía: "Quítate esa ropa de tu antigua vida. Ya no uses lo mismo. Cámbiate. Ponte ropa nueva. Que se te vea que ahora eres diferente."

Una persona transformada es una persona que ha sido liberada, y ya no anda como anduvo. Tampoco viste como vestía.

El endemoniado gadareno es un ejemplo de esto. Cuando fue liberado por Jesús, se transformó. Veamos Lucas 8:27 (NVI):

Al desembarcar Jesús, un endemoniado que venía del pueblo le salió al encuentro. Hacía mucho tiempo que este hombre no se vestía; tampoco vivía en una casa, sino en los sepulcros (Lucas 8:27 NVI).

(verso 35) y la gente salió a ver lo que había pasado. Llegaron adonde estaba Jesús y encontraron, sentado a sus pies, al hombre de quien habían salido los demonios. Cuando <u>lo vieron vestido y en su sano juicio</u>, tuvieron miedo.

En su vida vieja, el hombre no se vestía. En su vida nueva, se vistió. Era evidente que aquel hombre ya no era el mismo. Había sido tocado por Jesús y ahora tenía sano juicio. Ahora el cambio era notorio a todo el que lo veía.

Una vida transformada, da muestra de arrepentimiento. No solo olvida su camino viejo, sino que transita por un camino nuevo.

Me encanta la historia de Zaqueo porque cuando tuvo un encuentro con Jesús, su vida fue transformada de tal manera que decidió, no solo repartir la mitad de sus bienes a los pobres, sino también devolverle su dinero a los que le había robado, y se lo daría de manera multiplicada por cuatro (Lucas 19:8).

¡Aleluya! Eso es mostrar un fruto de arrepentimiento. Eso es despojarse de la naturaleza pecaminosa del viejo hombre.

Si no has visto la película Overcomer, te la recomiendo grandemente. Pienso que esta es una película que todo cristiano debería ver. La adolescente protagonista tenía una mala maña de robar. Le encantaba tumbarle las cosas a la gente. Pero cuando conoce al Señor, su vida cambia y decide comenzar a devolverle las pertenecías a aquellos que habían sido víctimas de sus robos. Hizo lo mismo que Zaqueo. Comenzó a proceder con bien, con quienes había procedido mal. Y esto agradó a Dios. Entonces Él comienza a bendecirla y a prosperarla.

Así es el Señor. Él afirma nuestros pasos cuando nuestro modo de vivir le agrada (Salmo 37:23 NTV).

¿Y tú? ¿Estás procurando agradar a Dios? ¿Qué cosas has hecho que muestran tu arrepentimiento? Analízate un momento. ¿Se te ocurren cosas que antes hacías en tu pasada manera de vivir y que ahora, ya no haces? ¿De qué te liberó Dios? ¿De la muerte, de vicios, de enfermedad, de ataduras?

¡Es tiempo ya de que cambies! Si estás agradecido a Dios por las cosas que ha hecho en tu vida, entonces que se te vea el fruto, que se te vea el cambio.

En el capítulo 6 de la carta a los Romanos, Pablo abunda en este tema. Dice:

verso 6 (NTV) Sabemos que nuestro antiguo ser pecaminoso fue crucificado con Cristo para que el pecado perdiera su poder en nuestra vida. <u>Ya no somos esclavos del pecado</u>.

versos 12-14 No permitan que el pecado controle la manera en que viven; <u>no caigan ante los deseos pecaminosos</u>. No dejen que ninguna parte de su cuerpo se convierta en un instrumento del mal para servir al pecado. En cambio, entréguense completamente a Dios, porque antes estaban muertos pero ahora tienen una vida nueva. Así que usen todo su cuerpo como un instrumento para hacer lo que es correcto para la gloria de Dios. El pecado ya no es más su amo, porque ustedes ya no viven bajo las exigencias de la ley. En cambio, viven en la libertad de la gracia de Dios.

Es cierto que en nuestra naturaleza humana, las cosas del mundo nos pueden resultar tentadoras. El enemigo quiere verte sucumbir a los deseos pecaminosos, ¡pero permanece firme! No te contamines. Sigue el consejo del apóstol y entrégate por completo a Dios.

Cuando hacemos una dieta estricta, ya sea por razones médicas o estéticas, nos vemos tentados a comer lo que no debemos. Vemos esa carne de cerdo frita y nos apetece, pero como sabemos que tiene mucha grasa y afectará nuestro corazón, nos abstenemos. Vemos ese frappé tan apetecible, pero como estamos conscientes de que está inundado de calorías, tomamos la decisión de no consumirlo. Así que sustituimos el cerdo por los vegetales, y el frappé por el agua, aunque se nos antoje aquello otro. Simplemente nos determinamos a hacer lo correcto.

El apóstol dice en esa porción: Has lo correcto usando tu cuerpo para la gloria de Dios. Ahora vives en libertad. El pecado ya no es más tu amo. Antes estabas muerto, pero ahora tienes vida nueva. No caigas ante los deseos pecaminosos.

Yo no sé cuál es tu testimonio. No sé cuál era el pecado que te dominaba como amo. No conozco tu pasado. Pero sí, he leído testimonios de la vida real de personas que Dios transformó, sin tomar en cuenta el horrendo pasado que vivieron.

Pablo Olivares fue uno de ellos. Hay una película basada en su vida, llamada Poema de Salvación. Pablo nació en Argentina, en un hogar cristiano. Recibió su educación en colegios cristianos. Durante su adolescencia se convirtió en un rebelde y no quiso tener nada que ver con Dios. Su deseo era formar una banda de rock, y para alcanzar la fama y el éxito, decidió pactar con el diablo. Años más tarde cuando ya su banda era muy reconocida, llegan a México en una gira musical, y allí su grupo es secuestrado. Luego de varias horas de estar en medio de ese caos, uno de los secuestradores le apunta con una pistola en la cabeza y le pregunta: "¿Crees en Dios?" A lo que Pablo responde: "Sí." El secuestrador lo mira y le dice: "Si me hubieras dicho que no, te habría matado."

Aquel día, aquel hombre de un pasado oscuro fue liberado por Dios. Se reconcilió con el Señor, dejó la banda y comenzó a grabar la música que le gustaba, pero esta vez para Dios. El Señor transformó su vida. Sin importar su pasado, Dios lo perdonó y le dio otra oportunidad.

He aquí la letra de esta famosa canción que escribió luego de volver al Señor:

Cristo moriste en una cruz
Resucitaste con poder.
Perdona mis pecados hoy
Sé mi Señor y Salvador.

Cámbiame y hazme otra vez
Y ayúdame a serte fiel.

Cámbiame y hazme otra vez
Y ayúdame a serte fiel.

¡Qué bella letra! Es una plegaria pidiendo perdón y ayuda
para serle fiel.

Seguramente tu pasado no fue así de drástico como el de
Pablo Olivares, que de satánico pasó a cristiano, pero sí, tu
estilo de vida no era precisamente uno que agradaba a Dios.
Aun así, el Señor no tomó en cuenta tu pasado. Tu vieja
vida no limitó el amor de Él hacia ti. Sencillamente te
perdonó, sin recriminarte tu pasado.

Toma un momento y medita. Cierra tus ojos y recuerda
quién eras antes y quién eres ahora. Trae a tu memoria de
dónde te sacó el Señor. Y dale gracias por medio de esta
oración:

Padre amado, gracias. Gracias por perdonarme y
limpiarme. Agradezco profundamente tu amor inmerecido
y reconozco que nadie me ha tolerado tanto como Tú.
Gracias porque has sido bueno conmigo, y a pesar de mis
errores, me aceptas y me perdonas. Gracias porque no has
tomado en cuenta mi pasado y has olvidado por completo
todo lo malo que hice. Te pido que cambies mi forma de
ser. Moldea mi conducta. No quiero vivir siendo el mismo
de antes. Ayúdame a ser diferente. Que yo pueda romper
con todo lo que no te agrada. En el nombre de Jesús. Amén.

Capítulo 7: Viviendo bajo las reglas de Dios

En la vida, hay reglas a seguir en todo lugar y en toda sociedad, no importando en qué parte del mundo nos encontremos.

Las reglas no son otra cosa que normas establecidas por las autoridades existentes, las cuales deben ser respetadas y que tienen el fin de lograr un buen resultado. Un buen comportamiento produce un buen funcionamiento.

El ser humano se enfrenta a las reglas desde el momento de su infancia. En el hogar, los padres imponen la regla, por ejemplo, de horarios. Horario de levantarse y de acostarse, horario de hacer las tareas, y de comer. Implementan reglas sobre lo que está permitido o no en la casa.

¿Recuerdas alguna regla que tus padres tenían en el hogar? En mi caso, recuerdo una regla de oro de mi mamá, la cual era inquebrantable. No se nos era permitido, ni a mis hermanos ni a mí, levantarnos de la mesa hasta que no nos comiéramos todo lo que se nos había servido en el plato. ¡Ay, el día que ella decidía hacernos avena, yo sufría como no tienes idea! Nunca me gustó la avena. Mis hermanos terminaban en 10 minutos, mientras que yo me la obligaba, y tardaba casi una hora en acabar.

La generación de hoy no sabe de eso porque ahora los padres son consentidores y preparan dos o tres menús para satisfacer los gustos de todos. ¡Ojalá mi mamá hubiera pensado así, pero que va! Por más que le explicaba que no me gustaba la avena y por más que le lloraba, la regla era la regla. Tenía que acabarla, si me quería ir a jugar. ¡Ni modo! Me tuve que someter a su autoridad, y hoy día me espanta ver un plato de avena. Creo que al verla se me alborota el síndrome post traumático que me causó. Jaja.

El caso es que las reglas hay que seguirlas aunque no sean de nuestro agrado. Irremediablemente, están en todas partes y en todo lugar.

En la escuela, desde el preescolar se nos enseñan las reglas del salón, como levantar la mano para hablar, respetar a los demás, pedir permiso para ir al baño, entre otras.

En los deportes hay reglas de juego. En los trabajos hay código de ética y conducta. En el manejo de vehículos existen leyes de tránsito. En fin, para todo hay leyes que debemos acatar.

Las reglas siempre han existido. Desde los tiempos de la Biblia. Desde el comienzo de la raza humana. Dios las ingenió con la intención de evitar un caos.

Colocó a Adán y a Eva en el jardín del Edén y les dio reglas. Había una instrucción específica a seguir. Les dijo: "Coman del fruto de todo árbol, menos del fruto del árbol de la ciencia del bien y del mal." (Génesis 2:15-17)

¿Y qué sucedió? El hombre no siguió instrucciones. No se sometió a las reglas, y por eso tuvo una terrible consecuencia que pagar. Fue expulsado del jardín. Mientras que en el Edén, Dios le proveía de todo lo necesario para vivir, fuera del jardín, sería él, el único responsable de trabajar la tierra para poder sobrevivir (Gen. 3:19).

Las reglas fueron creadas para someternos a ellas, y el no obedecerlas, lleva al hombre a enfrentar penalidades.

Hace poco, el famoso actor Will Smith violó una regla de ética en los premios Oscar, abofeteando públicamente a otro compañero que fungía al momento como presentador de gala. Millones de personas fueron testigos del comportamiento inapropiado del actor. Y a pesar de ofrecer sus disculpas posteriormente y mostrarse verdaderamente arrepentido, la Academia sancionó al actor, prohibiéndole volver a presentarse a los Oscar por los próximos diez años.

¡Qué lamentable cuando violentamos cualquier tipo de regla! La infracción, siempre nos llevará a pagar una sanción, nos guste o no.

Desde el comienzo del Antiguo Testamento, leemos códigos de conducta que Dios estableció para beneficio del hombre. Obedecerlos, le garantizaba la victoria y el éxito en todo lo que emprendiera.

En Génesis 17:1-2 leemos lo que Dios dijo a Abraham:

Cuando Abram tenía noventa y nueve años, el Señor se le apareció y le dijo: "Yo soy el Dios Todopoderoso. Vive en mi presencia y sé intachable. Así confirmaré mi pacto contigo, y multiplicaré tu descendencia en gran manera." (Génesis 17:1-2 NVI)

En palabras simples, Dios le estaba pidiendo dos cosas: vive para mí, y sé recto. Si así lo hacía, Dios lo bendeciría.

La versión NTV lo dice así: "Sírveme con fidelidad y lleva una vida intachable."

En la versión TLA, lo dice de esta manera: "Obedéceme siempre y pórtate con honradez."

En cualquiera de las tres versiones que prefieras, lo que Dios le estaba demandando era:

#1. Sometimiento

#2. Integridad

Someterse a alguien es aceptar su autoridad, sin poner resistencia. En ocasiones, podemos ser sometidos por voluntad propia, pero en otras ocasiones, podemos ser sometidos por obligación.

Por ejemplo, un padre le dice a un hijo: "Súbase al carro ahora que nos vamos." Y el hijo hace caso sin refutar porque reconoce quién tiene la autoridad. Pero qué tal un jefe que le dice a su empleado: "Póngase a limpiar ahora todas la vidrieras del edificio." El empleado de seguro se le somete, pero no de manera voluntaria, sino de manera obligatoria, porque sabe que si protesta, el jefe le puede despedir del trabajo.

Dios requiere sometimiento de parte de sus hijos, pero anhela que lo hagamos de manera voluntaria porque reconocemos su autoridad. Él da las instrucciones y espera que nosotros respondamos de buena gana, por el simple hecho de que Él es nuestro Padre. Y todo buen Papá demanda de sus hijos, porque quiere lo mejor para ellos. Someternos a la autoridad de Dios no nos resulta un camino fácil porque muchas veces no es el camino que tomaríamos por voluntad propia. No someternos a su autoridad, nos podría parecer más sencillo al principio, pero al final, terminamos dándonos cuenta que la manera de Papá, es la mejor, y siempre tiene una razón de ser.

El sometimiento a la autoridad de Dios, siempre traerá resultados positivos. Por el contrario, la falta de sometimiento a Dios, siempre traerá consecuencias negativas.

Permíteme relatarte la historia de dos hombres, uno sometido y uno no sometido.

Encontramos su historia en Josué capítulos 7 y 8. Las instrucciones de Dios habían sido específicas. El pueblo de Israel debía enfrentarse al pueblo de Hai y el Señor le daría la victoria sobre sus enemigos, pero debían destruir todo el botín. No debían quedarse con nada en absoluto.

El hombre número 1 de esta historia (el no sometido) se llamaba Acán. El mismo, habiendo visto monedas de plata y un lingote de oro los tomó para sí y los escondió en su carpa. La consecuencia de no haberse sometido al mandato de Dios, no solo le costó caro a él, sino también a los demás. El pueblo perdió la batalla, y su familia perdió la vida junto con él, a causa de su pecado (Josué 7:25).

El hombre número 2 de esta historia (el sometido) es el propio Josué. En el capítulo 8, el Señor le expone las reglas del juego. Le dice que vuelva a atacar a Hai porque Él le dará la victoria. Esta vez, Dios le da permiso de retener el botín. Así que Josué prepara al pueblo, les explica claramente las instrucciones a seguir, y marcha con ellos, tal y como el Señor le había dicho. Durante la batalla, Dios le ordena a Josué que apunte con su lanza hacia Hai porque le entregaría a sus enemigos. Josué, acatando la orden de

Dios, mantuvo el brazo extendido con lanza en mano hasta que los israelitas exterminaron a todos los habitantes de Hai (Josué 8:26).

Como soy curiosa, me pregunto: ¿por cuántas horas habrá tenido Josué su brazo extendido? Pero sin refutarle a Dios, ni el tiempo, ni el peso de la laza, ni el dolor o cansancio que sentiría en su brazo, se sometió a lo que Él le había enviado a hacer. Y gracias a su obediencia, obtuvo la victoria prometida.

El sometimiento a Dios, cuesta, pero el mismo, recompensa. El sometimiento a Dios, no solo trae bendición a nuestras vidas propias, sino también a la vida de los nuestros.

Mi familia es bendecida cuando yo vivo en sometimiento a Dios. Mis hijos se benefician del favor de Dios para conmigo.

Cuando nos alineamos al plan de Dios, todos en la casa salimos bendecidos. Pero cuando uno es testarudo y decide llevar a cabo su propio plan, sin tomar en consideración las reglas de Dios, todos nos vemos afectados. Fue lo que vimos en la historia. Uno no sometido trajo maldición sobre el pueblo y sobre su casa. Uno sometido trajo bendición sobre sí mismo y sobre todo el ejército de Dios.

Es penoso ver cómo hoy día los cristianos se someten a tantas cosas. Se someten al maltrato de sus abusivos jefes, y por obligación le aguantan cosas que ni a sus cónyuges le aguantarían. Se someten a la voluntad de sus malcriados hijos, cuando son los hijos quienes tienen la obligación de someterse a sus padres. Se someten y dan por bueno todo lo que se enseña en las escuelas. Se someten a cualquier día sean programados los deportes de sus hijos, y comparecen a ellos dos o tres veces por semana. Sin embargo, no pueden comparecer un día al culto de oración.

Se levantan de lunes a viernes a las 5:00 a.m. para ir a trabajar. Pero el domingo no pueden levantarse a las 7:00, y se les hace muy temprano que el culto sea a las 9:00 de la mañana. Le presentan excusas a sus jefes cuando por alguna razón se tienen que ausentar, pero se enojan si alguien de la iglesia les llama para ver si todo está bien porque se le echó de menos en el culto del domingo.

No se someten a sus líderes colocados por Dios en la iglesia. No viven acorde con la Palabra que les es predicada cada semana. ¡Qué tiempos estamos viviendo!

Después pretendemos alcanzar el éxito y la prosperidad de Dios, y eso no funciona así.

Dios le había dicho a Abraham que lo bendeciría con una gran descendencia y que confirmaría su pacto con él, pero #1: tenía que vivir en sometimiento a Dios, y #2: tenía que ser intachable, es decir, íntegro.

Necesitamos más cristianos íntegros hoy día. Cristianos que no se contaminan con las cosas de este mundo. Gente que no se compromete con aquello que lo aleja de las cosas de Dios. Gente que permanece aferrada en su servicio al Señor, sin tomar en cuenta lo difícil que pueda verse el panorama a su alrededor.

La Biblia nos habla de dos seres que no solo vivían en sometimiento a Dios, sino que también vivían en rectitud. Se trata de un matrimonio (Lucas 1:5-7 NVI):

Hubo un sacerdote llamado Zacarías. Su esposa era Elisabet. Ambos <u>eran rectos e intachables</u> delante de Dios; obedecían todos los mandamientos y preceptos del Señor. <u>Pero no tenían hijos</u>, porque Elisabet era estéril; y los dos eran de edad avanzada.

Poco después, Elisabet quedó encinta y se mantuvo recluida por cinco meses. "Esto —decía ella— es obra del Señor, que ahora ha mostrado su bondad al quitarme la vergüenza que yo tenía ante los demás."
(Lucas 1:24-25 NVI)

De esta porción podemos aprender que el hecho de ser sometidos a Dios y vivir rectamente, no nos garantiza que nuestra vida estará libre de situaciones difíciles. Ambos eran intachables; no obstante, tenían un problema de esterilidad. Aun así, no culpaban a Dios, sino que le servían. De hecho, la profecía le fue dada a Zacarías mientras servía en el templo delante de Dios (verso 8).

Y por permanecer fieles al Señor y sometidos a su voluntad, recibieron la bendición que tanto habían anhelado. Porque Dios bendice a aquellos que permanecen inconmovibles viviendo bajo sus estatutos. Además, esa bendición de Dios va más allá de lo que pudiéramos imaginar y llega cargada con lo mejor, de lo mejor. Aquel hijo no fue cualquiera, fue Juan el Bautista, el que le abrió camino al Salvador.

Aunque las cosas en esta vida no te hayan salido como las soñaste, permanece. Sigue sirviendo al Señor. Sigue conservándote íntegro ante Él, y ya verás las bendiciones que lloverán sobre ti y tu casa.

¡Pero abre tus ojos! El diablo también sabe cuáles son tus deseos, así que te pondrá la trampa para que caigas en ella. Te traerá ese novio que tanto has esperado, esa promoción en el trabajo que has deseado y esa casa que has anhelado. Pero si cualquiera de esas cosas te alejan de Dios, y comienzas a dejar de congregarte por andar de vacaciones con el novio, o porque en esa nueva posición tienes que trabajar los domingos, o porque tu casa ahora te tiene afanado, ¡pobre de ti! Todas esas cosas que piensas que son una bendición, realmente no lo son. Son una trampa del enemigo y se convertirán en tu perdición.

Date cuenta que Dios nunca te bendeciría con algo que Él sabe que te alejaría de su presencia.

Aprende a vivir bajo las reglas de Dios porque bajo tus reglas, habrás echado el juego a perder.

Su regla está bien explícita en la Escritura:

Busquen el reino de Dios por encima de todo lo demás y lleven una vida justa, y Él les dará todo lo que necesiten. (Mateo 6:33 NTV)

Busca primero a Dios. Sé que todos vivimos ajetreados y muy comprometidos con tantas cosas que tenemos en mano, pero en medio de todo, démosle el primer lugar al Señor. Que vivir bajo sus reglas sea algo que procures cada día. Que orar y leer su Palabra sea una práctica, sin la cual no puedes vivir. Que pasar tiempo con Él y congregarte sea algo esencial para ti. De esta manera aprenderás a ser más como Él y menos como tu carne te impulsa a ser. Mientras más te pegues del Señor, más se te pegarán sus cualidades. Más aprenderás a ser justo e íntegro como Él. Y por tu conducta intachable, el Señor te ayudará y te protegerá.

Lo dice así en Proverbios 2:7-8 (NVI): Él reserva su ayuda para la gente íntegra y protege a los de conducta intachable. Él cuida el sendero de los justos y protege el camino de sus fieles.

¿Quieres ser protegido por Dios? Pues ya sabes lo que tienes que hacer:

#1 Vive sometido a Él. #2 Vive en integridad.

Oración: Señor, te necesito. Enséñame a someterme a ti y a vivir bajo tus reglas. Perdóname por las veces que me quejo y no estoy dispuesto a hacer lo que Tú quieres, sino lo que mi carne quiere. Ayúdame a ponerte primero en mi vida, sabiendo que Tú me darás por añadidura todo lo que necesite. Permíteme enfocarme en ti y que ninguna de las cosas de este mundo me hagan desviarme de tu camino. Que Tú seas lo más importante para mí. Enséñame a ser como eres y que mi vida sea reflejo tuyo. Ayúdame a vivir agradándote en todo y a conducirme de manera íntegra. Bendíceme Señor. En el bendito nombre de Jesús. Amén.

Capítulo 8: Llevando mis imperfecciones al Dios perfecto

En el pasado capítulo hablamos de cómo el Señor se agrada de aquellos que procuran vivir de manera intachable. Pero esto no significa que en nuestra vida como creyentes, nunca desagradaremos a Dios con alguna de nuestras metidas de pata.

Todos fallamos, porque nadie es perfecto, excepto Dios. El procurar vivir intachablemente no es indicativo de que siempre lo lograremos. Lamentablemente en ocasiones haremos cosas indebidas, de las cuales luego nos tendremos que arrepentir. Eso es así por causa de nuestra naturaleza pecaminosa con la que nacemos.

Tenemos que entender que por causa del pecado de Adán, todos nacimos pecadores (Romanos 5:12). Así que, como consecuencia del pecado que habita en nosotros, será imposible pasar por esta vida sin pecar. Esto es una realidad. Hasta el más buena gente cometerá errores, a veces adrede o a veces hasta sin darse cuenta.

Te contaré una experiencia que jamás se me ha olvidado, a pesar de que sucedió hace muchos años cuando vivíamos en Puerto Rico. Mis dos hijos varones eran pequeños, y un día se enamoraron de uno de los perritos que tuvo la perra de mi vecina. Como nos lloraron y nos suplicaron a su papá y a mí que se lo permitiéramos tener, nos dio pena y accedimos a su petición. El puppy estuvo la primera semana dentro de la casa, pero al percatarme que era una esclavitud andar limpiando su pipí y su popó, decidí ir a

Walmart a comprarle un collar. De esa manera lo dejaría amarrado fuera de la casa durante horas del día.

Fui a la tienda y pasé más de una hora haciendo las compras y echando en el carrito todo lo que me hacía falta. Al llegar a la caja registradora comencé a sacar todo y a ponerlo en la correa. Finalicé la transacción y salí hacia mi vehículo. Me tomó como diez minutos llegar al carro por lo lejos que estaba estacionado (los que han estado en P.R. saben la odisea que es conseguir estacionarse en Walmart). Cuando estoy sacando las bolsas del carrito de compras y subiéndolas a mi auto, me doy cuenta que al fondo del carrito estaba el collar del perro. Como era un artículo tan chiquito, no lo vi al momento de pagar, y de manera involuntaria lo saqué de la tienda sin haberlo pagado. Entonces, me llegó la pregunta de los cien mil chavitos a la mente: "¿Regreso a la tienda a llevarlo y a pagarlo?" "¿Regreso o no regreso?"

Yo sé que muchos de ustedes son más santos que yo, pero de verdad tuve mil razones para no regresar: la tienda estaba lejos, tenía que volver a hacer la fila interminable del Walmart de P.R. Y con la calor que hacía, y ya se me había hecho tarde. Finalmente, luego del debate de cinco minutos entre el angelito en mi hombro derecho y el diablito en mi hombro izquierdo, ganó el de la izquierda. Y conste que no me da orgullo decirlo. Me llevé para mi casa el collar que no había pagado, pero con la justificación de que: "Yo no me lo robé porque quise; simplemente fue un error." Me repetí lo mismo una y otra vez durante el camino a casa.

Dos días más tarde, salí de mi hogar y dejé el perrito afuera, amarrado con el collar. Al regresar, par de horas más tarde, encontré al puppy muerto, ahorcado con el mismísimo collar que "supuestamente" le había comprado.

¡Ay! ¿Saben cómo me sentí? Miserable. Culpable de la muerte del perrito. Lo que se me pasaba por la mente era: Ojalá hubiera escuchado al angelito de mi hombro derecho. Ojalá hubiera regresado a la tienda a pagar el condenado collar. Pero por más vueltas que le diera en mi mente, ya era tarde. No podía solucionar lo que había pasado. Lloré por la muerte del perrito, pero lloré más por el sentimiento de culpa. Lo único que pude hacer fue pedirle perdón al Señor y darme cuenta de que todas nuestras decisiones acarrean consecuencias.

No cabe duda de que todos fallamos. La Palabra dice que no hay justo, ni aún uno (Romanos 3:10 RVR 1960).

Pero a pesar de nuestra maldad, Dios nos hace justos a sus ojos cuando ponemos nuestra fe en Jesucristo. (Romanos 3:22 NTV)

Sin tomar en cuenta lo horroroso que pudiera ser el pecado cometido, si nos arrepentimos, Él es fiel y justo para perdonar nuestros pecados y limpiarnos de toda maldad. (1 Juan 1:9 RVR 1960)

Así que, nuestro Señor es un Dios de perdón. Claro que el saber esto no significa que vamos a dar rienda suelta a nuestros malos deseos, justificándonos con la frase: "No importa lo que haga, Dios me perdona." Tampoco así.

El apóstol Pablo dice en Romanos 6:1-2 que No debemos seguir pecando, solo para que Dios nos muestre su gracia. Dice que hemos muerto al pecado, por lo tanto no es posible que sigamos viviendo en pecado. En otras palabras, no podemos andar pecando conscientemente. Está claro que pecaremos como seres carnales que somos, pero como seres espirituales que también somos, no lo haremos intencionalmente, sino indeliberadamente.

Veamos el ejemplo de Pedro. Cuando Jesús le profetizó que antes de que cantara el gallo lo negaría tres veces, reaccionó muy seguro de que eso no sucedería. Le dijo: "Aunque tenga que morir contigo, jamás te negaré." (Mateo 26:35 NTV)

Pedro estaba convencido que no abandonaría al Señor, por nada en el mundo. Estaba dispuesto a morir con Jesús, de ser necesario. Estaba determinado a que así sería. Pero la determinación no fue suficiente. En el momento cuando se vio sin escapatoria, lo negó, tal y como el Señor se lo había dicho. Pero este pecado lo cometió involuntariamente. Y cuando salió de allí, lloró con su corazón destruido. Se acordó de que Jesús se lo había advertido, y se arrepintió. Por eso, posteriormente cuando Jesús resucitó, lo perdonó y le dio una oportunidad para que apacentara sus ovejas. (Juan 21:17)

Por otro lado, veamos el ejemplo de Judas. En su caso, contrario a Pedro, sí tuvo la oportunidad de tramar el plan. Vendió a Jesús a consciencia de lo que hacía. Su pecado lo cometió voluntariamente. Pero entonces se sintió tan miserable por lo que había hecho que decidió devolver el dinero. Reconoció que había pecado, pero ya no había marcha atrás. Ya el daño estaba hecho. Y por el remordimiento que sintió, se ahorcó. ¡Qué trágico final! Si hubiera esperado la resurrección de Jesús, el Señor también lo habría perdonado como perdonó a Pedro. Pero se dejó llevar por las maquinaciones del diablo.

Pedro llevó sus imperfecciones a la presencia del Dios perfecto, del Dios que sabe perdonar, y del Dios que sabe dar oportunidades nuevas cada día.

Judas, pensó que no había perdón para él y decidió ponerle a su vida un final.

No hay pecado que Dios no pueda perdonar. Él perdona a aquellos que le confiesan sus pecados, y se apartan.

Pero aquel que peca conscientemente y sigue cayendo en lo mismo sin arrepentirse, a ese le hace falta convertirse.

Una vida que ha sido transformada por Dios, reconoce su mal camino, y por amor y agradecimiento a Aquel que lo salvó, cambia. Cuando recibimos el Espíritu Santo, el mismo nos da convicción de lo que está mal y nos guía por un mejor camino. Por un camino que le agrade a Él. Cuando le conocemos, ya no queremos deshonrar a Dios con nuestros actos. Por eso nos corregimos y dejamos de actuar de la manera que antes actuábamos.

Luego de ese incidente que te conté, me sucedió algo parecido. Unos meses más tarde, estoy en el mismo Walmart y decido comprar una cartera que me gustó. Como ese día no llevaba un carrito, me enganché la cartera en el hombro izquierdo, pues como soy derecha llevaba mi cartera de uso en el hombro derecho. Al pasar por las hileras, seguí agarrando otras cosas que también iba a comprar. Al llegar a la caja registradora, puse todo en la correa y saqué mi cartera de la mano derecha para pagar.

Pagué y salí de la tienda. Cuando llegué a mi carro, me despojé de todo para sentarme a manejar, ¡y auch! Me había llevado sin pagar la cartera que llevaba en mi hombro izquierdo.

¡No, pues a estas alturas usted va a pensar que esa manía, ya es costumbre! Jaja. Pero no, es que a veces soy un poco despistada, nada más. Ahí de inmediato se me enganchó de nuevo el diablito en mi hombro izquierdo. Solo que esta vez escuché al angelito de mi hombro derecho. Y aunque estaba lejos de la entrada de la tienda, decidí regresar. Ya estaba bueno de las trampas del enemigo. Ya había aprendido la lección. Así que regresé con la cartera y la pagué. Y me sentí muy bien cuando lo hice, a pesar de que la cajera se quedó mirándome medio rara cuando le hice la historia, y ni las gracias me dio. Pero no me importó. Me valió más la opinión que Dios tuviera de mí, que la que ella tuviera. Además, no estaba dispuesta a que un día usando la cartera, un pillo me la arrebatara y me robara mi dinero como consecuencia de mi error de no pagarla.

Hay quien aprende de los errores, y hay quien es cabezón y sigue tropezando con la misma piedra. Muchas veces, Dios nos prueba para ver si pasamos de nivel o volvemos a fracasar.

Pedro aprendió de su error la lección más grande de su vida. Aprendió que el Señor lo amaba, aun con sus imperfecciones, y que estaba dispuesto a perdonarlo y a darle otra oportunidad. Y esta vez, Pedro decidió enmendar su pecado. Aprovechó el chance, de tal manera que por todas partes realizaba milagros, a través del poder del Espíritu Santo.

De hecho, luego de la partida de Jesús al cielo, Pedro fue el único de los discípulos que realizó el milagro de resucitar a alguien. La mujer se llamaba Tabita (Hechos 9:40-41). Además de él, Pablo también resucitó a un joven llamado Eutico (Hechos 20:9-12), pero Pablo no formó parte de los discípulos de Jesús.

El discípulo de Jesús más destacado, luego de la muerte de Cristo, fue sin lugar a dudas Pedro.

Dice en Hechos 5:15 (TLA) que la gente sacaba a los enfermos a la calle para que al pasar Pedro, su sombra los sanara. También obró otros milagros y emitió discursos, en uno de los cuales se convirtieron y bautizaron tres mil personas (Hechos 2:41).

Pedro es el vivo ejemplo de que aunque somos imperfectos, le servimos a un Dios perfecto que es perdonador y dador de nuevas oportunidades.

Leí esto de mi devocional de la Biblia en un año y me encantó. Dice así: "Si al igual que yo, sientes que nunca podrás llegar a ser como Jesús, pero por nada te quieres parecer a Judas, entonces Pedro es el que nos da esperanza a todos. Pedro falló, como yo suelo fallar, y aun así, Dios lo usó."

No te desanimes. Te conté con mi experiencia que yo también meto las patas, (así decimos en mi país). Y lo bochornoso es que a veces me sale muy seguido. En ocasiones me da coraje conmigo misma por causa de mis errores. Pero en mi vida he comprobado que cada vez que le traigo mis pecados a Dios, Él nunca me ha rechazado. Nunca me ha dicho: "¡Ay ya vienes tú con lo mismo! Ya estoy harto de ti." ¡No, eso nunca! Siempre que le confieso mis culpas, me recibe, me abraza y me perdona, sencillamente porque así es Él.

He aquí la mejor descripción que te podría dar acerca de su persona:

Mi Dios es muy tierno y bondadoso; no se enoja fácilmente, y es muy grande su amor. No nos reprende todo el tiempo ni nos guarda rencor para siempre. No nos castigó como merecían nuestros pecados y maldades. Su amor por quienes lo honran es tan grande e inmenso como grande es el universo. Apartó de nosotros los pecados que cometimos del mismo modo que apartó los extremos de la tierra. Con quienes lo honran, Dios es tan tierno como un padre con sus hijos. (Salmos 103:8-13 TLA)

Dios ve tu corazón. Sabe si los pecados que cometes son involuntarios, pero sabe también si son premeditados. Si estás viviendo con un pecado que no puedes romper y por más que tratas, siempre caes en lo mismo, busca ayuda de un pastor o consejero que te pueda guiar y orar por ti. A veces las ataduras que el enemigo pone en las vidas son más grandes de lo que tú crees. Pero con la ayuda de otro creyente más fuerte espiritualmente que tú, lo puedes lograr. ¡Tú puedes salir de ahí! Busca ponerte de acuerdo con alguien para que te ayude en tu batalla. La Biblia dice que si dos en la tierra se ponen de acuerdo para pedir algo, el Padre lo concederá (Mateo 18:19).

No hay ninguna atadura del maligno con la que no puedas romper, en el nombre de Jesús.

Para Dios no existen faltas pequeñas o faltas grandes. Pecado es pecado. No te justifiques diciendo: "En mi caso lo mío no es tan malo. No soy infiel a mi cónyuge y tampoco uso drogas, es solo que miento y tengo malos pensamientos." ¡Mentira del diablo! También necesitas cambiar para que Dios te use.

Imagínate que Pedro le hubiera dicho al Señor cuando lo enfrentó: "Pues Señor no te enojes; yo solo te negué. Lo que hice no fue tan malo como Judas que te vendió." Haberle dicho eso a Jesús hubiera sido espantoso.

Una falta es una falta, y delante de los ojos de Dios, todas necesitan arrepentimiento.

La pregunta es: ¿Sientes arrepentimiento cuando le fallas al Señor? El Espíritu Santo que mora en ti, ¿te deja ver que no obraste bien? O simplemente ante tus pecados, ¿sigues caminando como si nada?

Si verdaderamente deseas que Dios perdone tus faltas y te haga libre para su gloria, haz esta oración:

Señor, necesito tu perdón. Límpiame de todos mis pecados. Reconozco que a veces hago lo que no quiero y que mi carne me lleva a hacer cosas que luego lamento. Me arrepiento de toda mi maldad. Perdóname por todas las veces que te fallo. Guíame y dirígeme. Ayúdame a vencer toda trampa del enemigo. Dame una oportunidad, y úsame. Enséñame a vivir como Tú quieres y a caminar como un escogido tuyo. En el nombre de Jesús. Amén.

Capítulo 9: Entendiendo los No que me conducirán al éxito

Creo que la palabra no, es una de las primeras que aprendemos en la vida. Cuando somos bebés y empezamos a explorar el mundo, nuestros padres comienzan automáticamente a decirnos: "¡No!"

Cuando los bebé comienzan a meter los deditos en los receptáculos de electricidad, inmediatamente les decimos: "¡no!" Cuando les da con introducir sus manitas en el inodoro, les decimos, "¡no!" Cuando la curiosidad los impulsa a tocar lo que no deben, sencillamente les expresamos: "¡no!"

A mi nieto Alekai, con cada "no" que le decía, también le expresaba: "Tócate las narices." El niño lo aprendió a repetir, y cada vez que me oía decir: "no", me decía: "Tócate las nanices." Pero seguía tocando y no lo tomaba en serio. ¡Para él era un chiste! Admito que con él fui muy paciente. Pero si mis hijos se hubieran atrevido a hacerme algo así, ¡jah!, mejor que se prepararan para escuchar el próximo, "no" acompañado de una nalgada. Jaja.

La palabra no, tiene un efecto de límites en la vida del ser humano. Al escuchar, no, sentimos una sensación de imposibilidad o de negatividad. La realidad es que a nadie le gustan los no. Todos preferimos escuchar un sí. Pero los no, son importantes. Estos nos ayudan a evitar problemas o situaciones feas en el futuro. Si toda respuesta, siempre fuera sí, habría un caos en este mundo.

La película: 'Yes Man', trata de eso. De un hombre que se compromete a decir que sí a todo, y acaba en aprietos.

Hubo un No, muy intenso en mi vida, el cual me marcó significativamente. Fue el "No llegues tarde" que mi novio me decía a diario cuando faltaba un mes para la boda. Me repetía una y otra vez: "No llegues tarde a la boda porque si no, pensaré que me has dejado plantado y me marcharé." Así que el día de la boda me esforcé tanto por llegar a tiempo, que llegué primero que él a la iglesia. ¡Me dio un coraje cuando me dijeron que esperara en el auto porque el novio no había llegado! Contemplé divorciarme antes de casarme. Jaja. Claro, yo no sabía en ese momento que él había tenido un accidente de carro por causa de la lluvia, y por eso se le hizo tarde para llegar. Me casé con mucho coraje. Cuando finalizó la ceremonia y tuvimos un momento para conversar, fue que me enteré de todo lo que había pasado. ¡Pobrecito! Y yo que por poco verbalizo la palabra "No" cuando me preguntaron si lo aceptaba como mi legítimo esposo. ¡Qué bueno que Dios me hizo decir, sí! Qué vida tan maravillosa a su lado me hubiera perdido, si en vez de "Sí", hubiera dicho, "No."

En este capítulo, hablaremos sobre algunos No, muy enfáticos que aparecen en la Biblia. Los mismos son muy cruciales, y si los obedecemos, obtendremos un éxito rotundo en la vida.

1. No tengas otros dioses además de mí.
    (Éxodo 20:3 NVI)

Este No, forma parte de los Diez Mandamientos. Tal vez pienses que esto no nos aplica hoy día porque los mandamientos fueron dados como ley al pueblo de Israel.

Además, este específicamente apuntaba a ellos por su tendencia a ser politeístas. Pero el propósito de Dios con este mandamiento en aquel entonces, sigue siendo el mismo hoy. Aunque no adoramos en la actualidad al sol o a la luna como solían hacer los antepasados, sí hay cosas que se convierten en dioses en la vida de mucha gente.

Es decepcionante ver personas que ponen como su dios a otro ser humano. He visto mujeres que anteponen a sus esposos o a sus hijos, a Dios. La voz del marido se convierte en suprema autoridad en su vida y lo que él diga, va por encima de cualquier cosa que diga Dios. Los deseos de los hijos, en ocasiones se convierten en órdenes para muchos padres y la vida gira en torno a ellos. Los trabajos y las relaciones amorosas son otras dos cosas que la gente tiende a poner por sobre todo lo demás. Y no estoy diciendo con esto que menospreciemos la gente importante que tenemos a nuestro lado. ¡Jamás! El que tenga una buena mujer, apréciela y ámela. La que tenga un buen marido, valórelo y cuídelo. Dele importancia, pero que el amor hacia ese ser no vaya por encima del amor hacia Dios. Que nada sea más importante que Él. Solo el Señor es el que debe gobernar en el trono de nuestro corazón. A Él le debemos todo lo que tenemos. Ha sido Él quien nos ha dado todas las cosas, por lo tanto, solo Él se merece el primer lugar en nuestra vida.

Cuando leemos ese versículo: No tendrás otros dioses además de mí, lo que Dios nos quiere decir es que no pongamos en un trono, ni el trabajo, ni el dinero, ni ninguna otra cosa, ni ninguna persona. A fin de cuentas, todo eso puede fallar, pero nuestro Señor nunca nos fallará.

Hace poco, una mujer acudió a mí en busca de ayuda para su hogar. Me dijo que su esposo era el problema, ya que amaba más al dinero que a ella. Me expresó que el dinero era más importante para él que cualquier otra cosa. Le aconsejé a seguir buscando del Señor y que juntas permaneciéramos orando por una transformación sobre la vida de su esposo. Pero recuerdo bien claro que le dije: "Congrégate fielmente y sírvele a Dios para que veas que Él va a obrar en tu hogar." "Venga tu marido o no venga, continúa viniendo tú. Ya verás que Dios te va a bendecir." Después de eso le di seguimiento varias veces, ya que no la veía en la iglesia. Siempre que le hablaba me daba una excusa para no congregarse. La mayor parte de las veces eran sus hijos, los cuales son grandes y saludables. En mi opinión, el dios de su esposo podría ser el dinero, pero el de ella son sus hijos.

Jesús dijo: "El que ama a padre o madre más que a mí, no es digno de mí; el que ama a hijo o hija más que a mí, no es digno de mí." (Mateo 10:37 RVR1960)

Pablo también dijo: "Porque todos los males comienzan cuando solo se piensa en el dinero. Por el deseo de amontonarlo, muchos se olvidaron de obedecer a Dios y acabaron por tener muchos problemas y sufrimientos." (1 Timoteo 6:10 TLA)

Los pasados dos versículos nos hablan acerca de los dos dioses más comunes que la gente coloca en el trono de su corazón: hijos y dinero.

Ambas cosas son de suma importancia, de esto no tengo duda. No estoy diciendo que abandonemos nuestros hijos para servirle a Dios. Eso sería una irresponsabilidad de nuestra parte. Tampoco estoy diciendo que no trabajemos, para así evitar volvernos amantes del dinero. ¡Claro que no! Lo que digo es que no seremos dignos del Señor si alguna de estas cosas es amada por nosotros más de lo que amamos a Dios. Y esto no lo digo yo, lo dijo el mismo Jesús en el verso de Mateo que acabamos de leer.

En conclusión a este primer, No; obedece. No coloques como dios de tu vida, ninguna cosa que no sea el Dios real y verdadero, Jesucristo nuestro Salvador.

2. <u>No</u> amen a este mundo ni las cosas que les ofrece. (1 Juan 2:15 NTV)

Este segundo No, está relacionado con el primero, pero no es igual. El primero era no amar ni entronar nada, más que Dios. Este segundo No, es simplemente no amar las cosas de este mundo. ¿Y cuáles son las cosas de este mundo? Son las contrarias a las cosas del cielo.

El apóstol Pablo nos amonesta en Colosenses 3:2 (NTV) a que pensemos en las cosas del cielo, y no en las de la tierra. Luego en los versos 5 al 9 nos dice: "Así que hagan morir las cosas pecaminosas y terrenales que acechan dentro de ustedes. No tengan nada que ver con la inmoralidad sexual, la impureza, las bajas pasiones y los malos deseos. <u>No sean avaros, pues la persona avara es idólatra porque adora las cosas de este mundo</u>. A causa de esos pecados, viene la furia de Dios. Ustedes solían hacer esas cosas cuando su vida aún formaba parte de este mundo; pero ahora es el momento de eliminar el enojo, la furia, el comportamiento malicioso, la calumnia y el lenguaje sucio. No se mientan unos a otros, porque ustedes ya se han quitado la vieja naturaleza pecaminosa y todos sus actos perversos."

Lo que Pablo nos dice en esta porción es que el que ha sido transformado por Dios, debe dar por terminadas las cosas de este mundo que acechan dentro de nosotros. Todas esas cosas pecaminosas que quizás solíamos practicar antes de conocer a Cristo, deben desaparecer de nuestro interior. En palabras sencillas, ya no debemos tener deseo de mentir, ni de robar, ni de andar enojados, ni de hablar feo. Nuestro comportamiento ya no debe ser malévolo. Ya no debemos andar siendo impuros.

Me encantan muchas parejas que he conocido que cuando aceptan al Señor, dejan de convivir estando no casados, y deciden casarse legalmente, con tal de hacer las cosas bien para Dios. Me fascina escuchar testimonios de personas que al venir a Jesús, comienzan a aborrecer su antigua vida y logran romper con todo tipo de vicios que antes practicaban. Su nueva manera de vivir es evidencia de que han sido liberados de toda inmundicia. Y por eso, Dios comienza a engrandecerles.

Por otro lado, también he visto "cristianos" que viven a escondidas haciendo cosas no propias de un verdadero creyente. Y cuando son confrontados, en vez de reconocer sus faltas y cambiar, deciden mejor irse de la iglesia y alejarse de Dios.

Hasta he escuchado gente decirme: "Es que a veces no vengo los domingos a la iglesia porque me encanta irme los sábados a bailar." También me han chocado otros que me han dicho: "Me estoy ausentando de la iglesia, pero es que trabajo duro y tengo derecho a viajar y a disfrutar." Claro que todos tenemos derecho a disfrutar. Pero tenemos el deber de congregarnos primero, y entonces luego, hacer todo lo demás.

No estoy diciendo que tomar vacaciones es pecado. No me malentienda. Yo también me voy de vacaciones de vez en cuando. Pero si mi prioridad son las vacaciones y me ausento muy frecuentemente a la Casa de Dios, hay un problema evidente.

Hay una verdad innegable que quiero enfatizar: "El que logra dejar de amar las cosas de este mundo por amor a Dios, logra ser amado por Dios."

Concluyo este segundo No, con las propias palabras de Juan: "No amen a este mundo ni las cosas que les ofrece, porque cuando aman al mundo no tienen el amor del Padre en ustedes. Pues el mundo solo ofrece un intenso deseo por el placer físico, un deseo insaciable por todo lo que vemos, y el orgullo de nuestros logros y posesiones. Nada de eso proviene del Padre, sino que viene del mundo; y este mundo se acaba junto con todo lo que la gente tanto desea; pero el que hace lo que a Dios le agrada vivirá para siempre." (1 Juan 2:15-17 NTV)

3. No traten de amontonar riquezas aquí en la tierra. (Mateo 6:19 TLA)

Este No, también va muy de la mano con los dos primeros, pero trata específicamente del dinero. ¡Ay, dinero, dinero! Ya hablamos un poquito acerca de él. ¡Qué muchas ventajas nos trae el dinero, y qué muchas desgracias también! No tengo nada absolutamente en contra del dinero. Estoy consciente que el mismo es necesario para vivir. Sin dinero se nos complicaría la vida, pues cómo podríamos pagar un techo para vivir o comprar comida para subsistir. Ganar dinero es importante para mantener una familia. Pero debemos tener cuidado de que el generar dinero se convierta en nuestra motivación primordial.

Dice así la Palabra en 1 Timoteo 6:10 (RVR1960): Porque los que quieren enriquecerse caen en tentación y lazo, y en muchas codicias necias y dañosas, que hunden a los hombres en destrucción y perdición; porque raíz de todos los males es el amor al dinero, el cual codiciando algunos, se extraviaron de la fe, y fueron traspasados de muchos dolores.

El problema no es ganar dinero, el problema verdadero es querer enriquecerse y caer en la tentación de la codicia. Porque la misma hace que las personas se desvíen de la fe. Así que mucho cuidado. Trabaja y devenga. Vive bien con el dinero que ganas. No hay nada malo en eso. Pero recuerda siempre, establecer tus prioridades en cuanto al dinero.

No dejes de cumplir con tus responsabilidades financieras. Sé sabio con el dinero que Dios te provee. Primeramente, dale a Dios lo que le corresponde. Sé fiel con tus diezmos y ofrendas. Sé que este tema no le cae bien a mucha gente, pero tengo que decirte lo que es bíblico.

La Palabra es clara en cuanto a esto. Dice Malaquías 3:10 (NTV): "Traigan todos los diezmos al depósito del templo, para que haya suficiente comida en mi casa. Si lo hacen —dice el Señor de los Ejércitos Celestiales—, les abriré las ventanas de los cielos. ¡Derramaré una bendición tan grande que no tendrán suficiente espacio para guardarla! ¡Inténtenlo! ¡Pónganme a prueba!"

Dios te invita a probarlo en este asunto. Dice que si traes los diezmos a su casa, Él derramará bendición sobre la tuya. Hazlo y verás cómo Él multiplica todos tus bienes.

Además de darle a Dios el 10% de lo que devengas, y en adición las ofrendas, es importante que cumplas con pagar tus deudas. No dejes de pagar lo que te toca por adquirir lo que quieres. Primero cumple con lo que debes y luego usa tu dinero para todo lo demás: ahorros, inversiones, vacaciones, adquisiciones, etcétera. Dios te proveerá para que te alcance para todo, cuando sabes cumplir con el orden establecido, primero.

Durante la adopción de nuestra hija Daniela, mi esposo y yo íbamos saliendo para República Dominicana a completar ciertas gestiones. Recuerdo que era un domingo y ese día depositamos 300.00 dólares de diezmo durante el recogido de ofrendas. Estábamos consciente de que al dar ese dinero nos veríamos cortos para el viaje que emprenderíamos al otro día. Aun así lo hicimos, pues hemos aprendido a ser responsables y a cumplir con Dios primero, sin importar lo que venga después. ¡Él siempre se encarga de proveer! Y así mismo fue. Saliendo ese día de la iglesia, una hermana, que apenas comenzaba a visitarnos se nos acercó y nos dijo: "Aquí tienen esta ofrenda para su viaje. Dios puso en mi corazón entregársela." Al abrir aquel sobre, habían exactamente 300.00 dólares. ¡Dios nos devolvía lo que le habíamos dado!

Tendría mucho que decir sobre este tema, pero solo te digo lo siguiente: Honra a Dios con tus finanzas. Él te proveerá mucho más de lo que imaginas.

Al comienzo de este No, mencionamos el verso 19 de Mateo, capítulo 6. Concluyamos con los versos 20 y 21: Es mejor que amontonen riquezas en el cielo. Allí nada se echa a perder ni la polilla lo destruye. Tampoco los ladrones pueden entrar y robar. Recuerden que la verdadera riqueza consiste en obedecerme de todo corazón. (Mateo 6:20-21 TLA)

4. No dejemos de congregarnos, como acostumbran hacerlo algunos (Hebreos 10:25).

En el cristianismo moderno se ha puesto muy de moda dejar de ir a la iglesia los domingos y conectarse al internet para ver los cultos que se transmiten. Y aclaro que favorezco la transmisión de cultos, pues entiendo perfectamente que el internet es un mecanismo muy útil para alcanzar gente a larga distancia. Pero con lo que batallo un poco es con la gente que estando a 20 minutos del templo, prefieren quedarse en la comodidad de su hogar, y pretenden sentir lo mismo que se siente estando de manera presencial en la Casa de Dios. Y definitivamente, jamás es lo mismo. En la facilidad del hogar hay muchísimas distracciones. Para comenzar a mencionarlas, la primera se llama nevera. ¡Y yo he caído en sus garras también! Por eso lo digo.

Cuando el COVID 19 llegó en abril del 2020, las iglesias se vieron en la obligación de cerrar sus puertas y comenzar a transmitir sus cultos por internet. No hubo más remedio que obedecer las autoridades y quedarnos en casa. Cuando observamos el culto desde las casas, nos da deseo de todo. Nos da deseo de ir al baño. Deseo de prepararnos un café. Nos da hambre y la nevera nos llama; en fin, se nos presentan 27 distracciones. Cuando estamos en la iglesia no nos desenfocamos con esas cosas porque no las tenemos a la mano. A veces, hasta con ganas de ir al baño, nos aguantamos hasta que el culto llegue a su final.

El transmitir por internet nos ha ayudado como iglesia a alcanzar gente de otros países que se ha conectado con nosotros, y hasta conversiones a Jesús hemos tenido, aun en la distancia. ¡Gloria a Dios por eso!

Pero lo que no favorezco en absoluto es a la gente que dice: "Dios está en todas partes y yo le puedo buscar desde mi casa." Correcto, yo le busco desde mi casa cada mañana de lunes a sábado, pero los domingos voy a encontrarme con Él en su casa porque allí Él pone la mesa para mí y espera que yo llegue a participar de su banquete. Allí llego cada domingo a llevarle sacrificios de alabanza por lo bueno que Él ha sido conmigo durante toda la semana. Por eso no desperdicio mi oportunidad.

Cuánta gente desearía poder llegar a la casa del Señor y no puede, por circunstancias ajenas a su voluntad. Algunos por enfermedad, otros por no tener quien los lleve, y otros porque simplemente no tienen iglesia cerca. En estos momentos, algunos hasta se han quedado sin templo porque el mismo ha sido destruido. Esto es una triste realidad que sabemos que confrontan muchos hermanos en la fe en el país de Ucrania. Sus iglesias han quedado destruidas por causa de la guerra, y no les ha quedado más remedio que reunirse entre ellos en algún lugar donde puedan orar, aunque sea por 10 minutos.

No desperdicies la oportunidad que Dios te ha dado. Te ha provisto una iglesia cercana, entonces, abandona la comodidad de tu casa y congrégate. No me digas como una vez escuché a alguien decir: "Es que la iglesia somos nosotros, así que podemos ser iglesia donde quiera y buscar a Dios donde quiera porque Él está en todas partes." Sí, Dios puede estar en todas partes porque Él es omnipresente, pero bien claro dice la Palabra que donde hay dos o tres congregados en su nombre, ahí está Él en medio de ellos (Mateo 18:20).

La presencia de Dios se manifiesta y se deja sentir en medio de un pueblo unido que le busca y le alaba. Además, en la soledad de mi casa no podré ser testigo de los milagros que Dios hace con otros. Tampoco tendré la bendición de encontrarme con un siervo ungido de Dios que me imponga la mano y ore por mí.

Que no se te escape el privilegio y la bendición que es estar en la Casa de Dios.

Desgraciadamente he visto cristianos activos, convertirse en inactivos luego de la llegada del COVID. He visto gente desaparecer completamente de la iglesia por no querer contagiarse. Sin embargo, acuden al supermercado en busca de alimentos, sin pensar que allí también se pueden contagiar. Si de la misma manera acudieran a la iglesia en busca de alimento espiritual, encontrarían allí pan de vida que sacia para siempre y no el alimento perecedero que se adquiere en este mundo.

Todos podemos tener mil excusas para no congregarnos. Cada quien ve la vida a su manera. Pero por favor, no caigas en la trampa del modernismo. Acude al templo. Tú eres la iglesia, y junto a otros que también lo son, podrás presenciar la libertad y los milagros que trae el Espíritu Santo cuando la gente de Dios se une en adoración.

El rey David dice en uno de sus Salmos: "¡Cuán bueno y cuán agradable es que los hermanos convivan en armonía!..... Donde se da esta armonía, el Señor concede bendición y vida eterna." (Salmo 133:1, 3 NVI)

Está claro que Dios concede bendición donde hay convivencia en armonía entre hermanos. Esto no es otra cosa que estar congregados, unidos en su nombre.

5. No paguen a nadie mal por mal (Romanos 12:17 NVI).

Una de las más grandes tendencias del ser humano es pagarle con la misma moneda a aquel que le ha hecho un mal. En esta carne pecaminosa, buscamos que nuestro semejante pague el daño que nos ha causado. La realidad es que somos seres vengativos, y muchas veces no nos apena expresar abiertamente: "El que me la hace, me la paga." Estoy segura que has escuchado eso en algún momento, o tal vez, has sido tú mismo el que lo ha verbalizado en alguna ocasión.

Cuando nos dejamos llevar por la ira y tomamos la venganza en nuestras manos, cosas terribles suceden. El coraje nos ciega y cometemos disparates, por medio de los cuales, a menudo paga un inocente.

En la Biblia encontramos un caso así. Dina, la hija de Jacob fue violada por un muchacho llamado Siquén, el cual se enamoró de ella luego de haberla abusado. Cuando los hermanos de la chica se enteraron de lo sucedido, se llenaron de ira. Pero el papá del chico les pidió que dejaran a la muchacha casarse con el joven, ya que el mismo estaba enamorado de ella. Los hermanos aprovecharon la propuesta de casamiento y le dijeron que aceptarían que su hermana se casara con Siquén, únicamente si todos los varones del pueblo se circuncidaban. Así que todos se circuncidaron. Al tercer día, cuando los muchachos todavía se encontraban recuperándose, dos de los hijos de Jacob empuñaron sus espadas y tomaron desprevenidos a los varones. Mataron a todos, incluyendo a Siquén y a su papá.

Leemos en Génesis 34:27-29 (NVI): Luego los otros hijos de Jacob llegaron y, pasando sobre los cadáveres, saquearon la ciudad en venganza por la deshonra que había sufrido su hermana. Se apropiaron de sus ovejas, ganado y asnos, y de todo lo que había en la ciudad y en el campo. Se llevaron todos sus bienes, y sus hijos y mujeres, y saquearon todo lo que encontraron en las casas.

Por culpa de la venganza, gente inocente que no tenía nada que ver con el asunto, pagó las consecuencias. Por eso debemos dejar pasar la ofensa, por más horrible que sea, pues la cólera nos puede conducir a hacer cosas de las cuales luego nos tengamos que arrepentir.

Dice la Palabra: No tomen venganza, hermanos míos, sino dejen el castigo en las manos de Dios, porque está escrito: "Mía es la venganza; yo pagaré", dice el Señor. (Romanos 12:19 NVI)

Deja que sea Dios quien te haga justicia. Él sabe hacerla mejor que tú.

Cuando el diablito se te suba al hombro izquierdo para llenarte la mente de ira y sembrarte deseos de venganza, véncelo. Al final de ese capítulo 12 de Romanos, en el verso 21, el apóstol nos amonesta: "No te dejes vencer por el mal; al contrario, vence el mal con el bien."

6. No se olviden de practicar la hospitalidad.
(Hebreos 13:2 NVI)

Pienso que el ser hospitalario es una cualidad que se ha ido perdiendo con el pasar del tiempo. Recuerdo que antes, cuando no existían ni los hoteles en los pueblos, ni los Airbnb, la gente abría las puertas de sus casas para recibir personas que venían de otros lugares y necesitaban hospedaje. Al menos en mi casa fue así. Mi mamá siempre alojaba personas que venían como misioneros a predicar a la iglesia. ¡Y cuán bendecidos fuimos con la presencia de muchos de ellos!

El versículo completo de Hebreos 13:2 dice: No se olviden de practicar la hospitalidad, pues gracias a ella algunos, sin saberlo, hospedaron ángeles.

Tú no sabes la bendición que podría traer Dios a tu vida cuando hospedas a alguien que es enviado de parte suya.

Hace aproximadamente 19 años atrás, mi esposo decidió que alojaríamos por varios días a un misionero proveniente de Carolina del Norte que venía a conocer Puerto Rico. Mi esposo, jamás lo había visto en persona, solo había tenido comunicación con él a través de emails. Recuerdo que con temor, lo hospedamos. Tomamos precauciones por si resultaba ser un loco, y decidimos poner a nuestros dos hijos varones a dormir en la habitación con nosotros, ya que todavía eran pequeños. Resulta, que de ahí surgió una bonita amistad que hasta el día de hoy, prevalece. Gracias a esa conexión, fue que llegamos por primera vez a visitar

Carolina del Norte. De ahí se estableció una relación, y años más tarde, cuando Dios abrió todas las puertas, nos trajo a vivir al estado de NC.

Significa que el Señor ya tenía todo fríamente calculado y nos envió a ese hombre como contacto, por medio del cual se abrieron todas las puertas, posteriormente. Me pregunto si eso sería una prueba, de la cual salimos aprobados delante de Dios. Me pregunto qué hubiera pasado si hubiéramos dicho: "Un desconocido en nuestra casa, no." Tal vez hoy no estaríamos aquí. Anteriormente a eso no conocíamos a nadie en Carolina del Norte. Pero por causa de haber hospedado a ese misionero, hoy somos pastores en este hermoso lugar.

Resulta en gran bendición el ser hospedadores. En la Biblia, una prostituta llamada Rahab hospedó en su casa a dos espías que recorrían la tierra de Jericó para conquistarla (Josué capítulo 2). Luego vemos en el capítulo 6 de Josué cómo la vida de Rahab y de su familia fue puesta a salvo como consecuencia de ella haber albergado a los espías.

Quiero ahora que veamos lo que dice más adelante en ese mismo capítulo 13 de Hebreos. Es otro no, que va bien tomado de la mano con lo que estamos hablando.

Verso 16: No se olviden de hacer el bien y de compartir con otros lo que tienen, porque esos son los sacrificios que agradan a Dios.

En resumidas cuentas: Sean hospitalarios, hagan el bien y compartan lo que tienen con los demás. No seamos egoístas. A veces teniendo tanto, hacemos tan poco en favor de otros.

Proverbios 3:27 (TLA) nos exhorta a que No nos neguemos a hacer un favor, mientras podamos. Actuando así complaceremos a Dios y seremos agradables ante Él.

7. No juzguen a nadie (Mateo 7:1 NVI).

Entre las cosas más fáciles que se le hacen al hombre, está el juzgar a los demás. Somos locos pasando juicio sobre otros. Vemos las cosas bajo nuestra perspectiva y enseguida juzgamos.

Hace algunos años atrás, mi esposo y yo fuimos juzgados falsamente por parte de una "hermosa y discreta" dama de la iglesia. Era la época de verano y se aproximaba Insane, un campamento para jóvenes que nuestra iglesia realiza todos los años. Como mi esposo y yo sabemos que luego de ese retiro, salimos tan extenuados, hicimos planes de tomarnos unos días libres para poder descansar, inmediatamente se acabara el evento.

Ese año se cobraba una cuota de 200.00 dólares por cada campista para cubrir el costo del lugar, meriendas, camisetas y demás materiales que se le proveen a los muchachos. La dama, protagonista de esta escena, pegó el grito en el cielo, alegando que eso estaba muy caro. Pero en realidad no había manera de bajar el precio, pues todo ese dinero se iba en gastos, y la iglesia no tenía ningún tipo de ganancia en el asunto. Por el contrario, la iglesia aportaba económicamente para poder cubrir todo el gasto. Se acabó Insane, y según habíamos planeado, nos fuimos de vacaciones por tres días. A nuestro regreso nos enteramos que la dama había barrido el piso con nuestros nombres, diciendo que ahora entendía por qué el retiro era tan caro, pues los pastores se quedaban con el dinero que sobraba para irse de vacaciones. ¡Ayyyy! ¡Pero qué clase de calumnia! Lo que no sabía ella era que nuestra vecina tenía un apartamento en la playa en Carolina del Sur y había sentido en su corazón, cedérnoslo sin costo alguno para que nos fuéramos por unos días. Las vacaciones no nos habían costado nada. Por lo tanto, no teníamos ningún motivo para quedarnos con el dinero de los jóvenes. Además, el dinero recolectado en la iglesia, jamás pasa por nuestras manos, sino por la administración.

Esas deben haber sido las vacaciones más económicas que hemos tenido en nuestra vida. Los gastos que incurrimos fueron únicamente en gasolina y alimentos. Pero claro, es fácil juzgar y tirar la piedra. Es fácil hablar desde afuera, sin saber lo que hay dentro.

Jesús dijo claramente en Mateo 7:1-2 (NVI): "No juzguen a nadie, para que nadie los juzgue a ustedes. Porque tal como juzguen se les juzgará, y con la medida que midan a otros, se les medirá a ustedes."

En palabras simples, el que juzga, será juzgado. Dios se encargará de los juzgadores.

Deja de estar calumniando y de estar juzgando. Hay cosas mucho más productivas que hacer. Deja de andar de metido en la vida de los demás. No te dejes llevar por lo que te huele que es. No digas como la dama: "Me huele a que los pastores cobraron caro para poder irse de vacaciones." ¡No! Mejor no huelas nada, porque fácilmente te puedes equivocar, y al final quien quedará en ridículo serás tú. No juzgues por las apariencias. Como dice el refrán: "Las apariencias engañan." ¿No te ha pasado alguna vez, que has mirado un pastel que se ve sabroso y cuando lo pruebas, no sabe muy bueno que digamos? A mí me ha pasado. Juzgo por la apariencia, pero después me llevo la sorpresa de que no sabía, como se veía.

Jesús, hablando de este tema dijo: "No juzguen por las apariencias; juzguen con justicia" (Juan 7:24 NVI).
La versión NTV dice: "Miren más allá de la superficie, para poder juzgar correctamente." Y en la versión TLA dice: "No digan que algo está mal solo porque así les parece. Antes de afirmar algo, deben estar seguros de que así es."

Asegúrate de estar en lo correcto, antes de hablar. Podrías afectar el testimonio de una persona inocente, solo por apresurarte a hablar cosas que no son.

A modo de repaso general para finalizar el tema: Cuando como padres decimos "No" a nuestros hijos, pretendemos que ellos nos escuchen, y no hagan lo que no deben hacer. Estamos claros que la razón por la cual les decimos "No" es porque los amamos y no queremos que haciendo las cosas incorrectamente, puedan salir perjudicados. Cuando ellos nos obedecen y dejan de hacer eso a lo que les dijimos no, las probabilidades de que todo salga bien, serán grandes. En cambio, cuando se empeñan en el sí, habiéndoles dicho un no, los resultados serán adversos.

Si entendemos este concepto en relación a nuestros hijos, entendámoslo entonces en relación a Dios. Él es nuestro Padre, y al decirnos "No", saldremos beneficiados, solo si obedecemos.

Capítulo 10: Mirando lo que realmente vale

Es una mala costumbre del ser humano, andar mirando lo que no debe. Nos pasamos la vida mirando alrededor, viendo lo que tienen los demás y comparando con lo que tenemos nosotros. La realidad es que se nos va la vida viendo el panorama vuelta a la redonda, y desperdiciamos el tiempo al no contemplar lo que sí tenemos.

El sentido de la vista, que tan hermoso regalo es de Dios, se convierte en maldición cuando con nuestros ojos contemplamos el pecado. Damos lugar al diablo cuando miramos lo que no debemos mirar.

Ese fue el caso del rey David. Observó una bella mujer mientras se bañaba y la deseó. El pecado entró a su vida desde el momento que la codició. Y a consecuencia de lo que concibió en su mente, se consumó el pecado. Se envolvió íntimamente con aquella mujer casada, llamada Betsabé. No solo eso; además la embarazó. Y como si fuera poco, mandó a matar a su esposo (2 Samuel 11).

Un pecado llevó al otro, y todo comenzó por lo que miró.

Cuando pequeña cantábamos en la escuela dominical un corito que decía: "Cuidado mis ojitos lo que veis. Cuidado mis ojitos lo que veis; que en el cielo está el Señor, me mira con atención, cuidado mis ojitos lo que veis."

¡Y cuán cierto es el cuidado que tenemos que tener con las cosas que miramos! El poder ver es una dádiva de Dios. Hace poco fui a un centro de servicio para mi vehículo. Me fijé mientras estaba en fila que la pareja de delante de mí se comunicaba con lenguaje de señas. Lo curioso era que las señas que la esposa le hacía al esposo, no se las hacía frente a sus ojos, como acostumbramos ver, sino que las hacía en las manos de él. A través del tacto, él podía interpretar lo que ella le decía, pues el hombre no solo era sordo, también era ciego. ¡Qué triste! Estoy segura que si le hubiera preguntado a ese hombre cuál de los dos sentidos preferiría tener, si le dieran la oportunidad de escoger uno, diría la vista. Y no es que la audición no sea importante; sin lugar a dudas lo es, pero la vista es más ventajosa.

¡Qué mucho nos ayuda la vista en nuestro cotidiano vivir! Sin embargo, qué mucho la desperdiciamos. Nuestros ojos no se cansan de ver lo que no aporta nada positivo a nuestro intelecto.

Miramos las faltas donde quiera que estamos; en nuestros trabajos, en nuestros hogares y en nuestras iglesias. Lo cierto es que donde quiera encontramos faltas evidentes a nuestros ojos. No obstante, las toleramos y permanecemos en nuestros trabajos y hogares. Pero a la hora de la verdad, a nadie le gusta tolerar las faltas encontradas en la iglesia, y terminan marchándose de ella.

Lo innegable es que toda iglesia tiene faltas porque es administrada y liderada por gente imperfecta. Pero eso no significa que no es Casa de Dios. El ver algo que no sea de nuestro agrado dentro de la iglesia, no es razón de peso para empacar las maletas y marcharnos, así como así. (Tengo que abrir paréntesis y aclarar que estamos hablando de faltas causadas por algún error humano. No estamos hablando de faltas a nivel teológico. El día que en la iglesia se predique algo que vaya en contra de lo que Dios establece en su Palabra, siéntase en libertad de salir y buscar otra casa donde congregarse).

Volviendo a lo que antes decíamos, así como decidimos lidiar con las faltas encontradas en los lugares que frecuentamos, también deberíamos lidiar en la iglesia con las faltas involuntarias que allí se podrían cometer. Si a fin de cuentas sabemos que Dios es perfecto y no comete errores, entenderemos entonces que cualquier error que pueda surgir en su casa, no es culpa de Él, sino de los humanos que conducimos su casa.

Recientemente le pregunté a alguien que por qué su hijo había dejado de venir a la iglesia, y me contestó: "Porque ve que a Fulanito lo dejan servir, y a él le consta que esa persona no se conduce como un verdadero creyente. Pero cuando él quiso servir, no lo dejaron porque sabían que él estaba en pecado."

Confieso que no me cayó bien el escuchar su respuesta. Así que le dije: "Pobre de tu hijo que dejó de venir a la iglesia por culpa de los pecados de los demás." La verdad es que quise decirle otras cosas, pero me percaté que no tenía caso. Además, ella no era culpable de las acciones de su hijo.

¡Qué fácil mirar los errores de los que nos rodean, pero qué difícil admitir los nuestros! Por esta razón, Jesús dijo:

"¿Por qué miras la paja que está en el ojo de tu hermano, y no miras la viga que está en tu propio ojo? ¿Cómo dirás a tu hermano: "Déjame sacar la paja de tu ojo", cuando tienes una viga en el tuyo? ¡Hipócrita! Saca primero la viga de tu propio ojo, y entonces verás bien para sacar la paja del ojo de tu hermano." (Mateo 7:3-5 RVC)

Jesús sabía que el andar mirando al prójimo era algo muy propio del hombre, y por eso nos advirtió que no miráramos el ojo ajeno, sino que nos preocupáramos primero por el nuestro.

Hay una gran veracidad en lo siguiente: Lo que percibimos con nuestros ojos, es interpretado con nuestro cerebro. Por eso es que dos personas pueden ver lo mismo, pero ambas pueden interpretarlo de manera diferente. Dos personas pueden estar envueltas en la misma situación, y ambas ven la escena de diferente manera.

Ejemplo: Sara y Agar. Sara le propone a su marido que se acueste con su criada para al menos poder tener un hijo de él, aunque sea por medio de otra mujer. Debido a la esterilidad de Sara, Abraham accede y Agar queda embarazada. Entonces vemos el drama en el capítulo 16 de Génesis. Según Sara, Agar la miraba con desprecio porque ella tendría un hijo de su marido, mientras que Sara no podía. Según Agar, su ama la maltrataba por envidiosa. Las dos veían el mismo panorama, pero lo interpretaban en dos puntos de vista diferente.

Tú puedes sentarte en la iglesia un domingo, ver el mover del Espíritu Santo, y pensar: ¡Uy, esto no me gusta, qué miedo! Se manifestó un demonio en la vida de alguien durante el llamado. Mientras que el que está a tu lado, presencia lo mismo, pero piensa: ¡Gloria a Dios! Una vida fue liberada de un espíritu inmundo.

Eso se llama percepción; y la misma no es otra cosa que la impresión que percibe un individuo a través de los sentidos, ya sea la vista, el audio o cualquier otro.

Ten mucho cuidado con la manera que ves las cosas. Han sido muchas las personas que hemos visto salirse de la iglesia a través de los años por andar mirando cosas insignificantes. Por ejemplo: Que no le cae muy bien la persona que recibe en el estacionamiento. Que las muchachas del ministerio de adoración usan pantalones. Que no le gusta que el ambiente de adoración sea ruidoso y con luces. En cambio, van a los conciertos y se lo gozan todo. El ruido y las luces se convierten en una motivación para gritar hasta perder la voz. ¡Qué absurdo! Son ridículas las cosas que la gente mira y pone como pretextos para dejar de ir a la iglesia.

Con la llegada del COVID, una hermana se fue porque le pedíamos que considerara el uso de máscara, y ella no estaba de acuerdo con las mismas. Por otro lado, otra se fue porque no era obligatorio el uso de máscaras, y ella pensaba que debería ser requerido para todos.

Cuando abrimos nuestra librería, una persona se fue porque no creía que en la iglesia se debería vender. ¡Ay, ay, ay! No hay manera de satisfacer las necesidades de todos. Mejor que el material cristiano se adquiera en la iglesia porque así vamos a la segura de que todo lo que ahí se compra es de sana doctrina. En adición, no enriquecemos las tiendas seculares que venden libros cristianos, sino que los fondos generados se usan para las misiones y para repartir sabiamente según las necesidades dentro de la iglesia.

Pero qué simple es mirar y criticar. Qué fácil levantarse e irse al contemplar cualquier cosa que no va de acuerdo a lo que pensamos que es correcto.

Una cosa es la que debe prevalecer sobre todo lo demás a la hora de decidir si permanezco en mi iglesia, o no: ¿Veo al Espíritu Santo moverse, salvando vidas y transformando corazones? Si la respuesta es sí, entonces esa es la casa donde debes permanecer. Otra cosa sumamente importante es: ¿Mi pastor es un ungido de Dios y predica las cosas como son, usando como fundamento la Escritura? Y si la respuesta es sí, he ahí la segunda confirmación para permanecer y no moverte de ese lugar que llamas Casa de Dios.

No te fijes en que la Iglesia del Niño no le da clases de discipulado a tus hijos. Deja que los niños, sean niños. Para eso llegará el tiempo. No te fijes en que los jóvenes son un poco alocados. ¡Sí, lo son; aquí y en cualquier otro lado! Pero mira, que en vez de aburrirlos y hacer que se marchen al mundo, se les habla de Jesús en un ambiente divertido para ellos, de acuerdo con su edad.

No seamos tan rigurosos y tan religiosos. Tanto que criticamos los fariseos de la Biblia, y a veces nos convertimos en ellos con nuestras leyes, teorías y tradiciones.

Solo deja que Jesús se manifieste en tu vida y te transforme de tal manera que puedas ver las cosas diferente.

Soy amante de la personalidad de Jesús porque no era tradicionalista y hacía las cosas de manera distinta. Sanaba en día de reposo, aun cuando la ley decía que era prohibido. Se mezclaba con pecadores, y a causa de eso, muchos le conocieron. Pero también, muchos lo vieron con malos ojos. Algunos decían: "Este es un glotón y un borracho, amigo de recaudadores de impuestos y pecadores."

(Mateo 11:19 NVI)

La manera que veas a Jesús y la manera en que veas las cosas que Él está haciendo a tu alrededor, depende ti. Tienes que aprender a tener visión y no meramente mirar lo que ven tus ojos físicos. Mira más allá para que puedas ver lo que Dios está haciendo por ti.

A veces somos tan cortos de visión que le pedimos al Señor que nos muestre lo que tiene para nosotros, pero entonces Dios envía muestras de su poder y somos tan ciegos que dejamos escapar sus bendiciones.

Hay una anécdota de un hombre que salió a pescar con su amigo. Antes de salir de su casa oró para que Dios le diera una buena pesca ese día. Estando allí en la barca junto a su amigo, comenzó a atrapar peces bien grandes, pero al mirar cada uno de ellos, los tiraba de vuelta al río. El amigo lo miraba confundido, pero decidió guardar silencio. Pasaron horas a ese son, hasta que en un momento dado, el hombre capturó un pez pequeñito, y con ese se quedó. En ese momento, el amigo no pudo más y decidió aclarar su curiosidad. Le preguntó: "¿Oye por qué soltaste tantos peces grandes y con ese chiquito te quedaste?" El hombre le respondió: "Es que el sartén que tengo en casa, solo mide 10 pulgadas."

Irónico, ¿verdad? Lo mismo hacemos nosotros cuando no somos capaces de ver lo que Dios está haciendo. Vemos, pero no observamos. Miramos, pero no nos percatamos, porque nuestra visión es diminuta.

Date cuenta de que el hecho de que tú no veas lo que los demás ven, no significa que Dios no se está moviendo. Se está moviendo en el ámbito espiritual, pero tus ojos físicos no lo perciben.

En un momento dado, el Rey de Siria manda a capturar a Eliseo. Estaba furioso con el profeta porque cada vez que él tramaba algo contra el rey de Israel, Eliseo iba y le revelaba la movida al rey. Así que las tácticas de guerra de Siria contra Israel, fracasaban. El rey de Siria decide mandar un destacamento grande, con caballos y carros de combate para acorralar la ciudad donde estaba el profeta Eliseo. Cuando su criado observó aquel montón de soldados, se horrorizó. Le dijo a su amo: "¿Y ahora qué vamos a hacer?" A lo que Eliseo respondió: "No tengas miedo. Los que están con nosotros son más que ellos." Pero Guiezi no podía ver cómo era posible que Eliseo dijera semejante cosa. Allí solo habían dos contra toda esa muchedumbre de gente a su alrededor. Lo que el criado no sabía, era que él veía solo el panorama físico, mientras que el profeta veía más allá y contemplaba el panorama espiritual que se estaba movilizando a favor de ellos.

Así que, vemos lo que pasa en el verso 17 de Segunda de Reyes, capítulo 6 (NVI):

Entonces Eliseo oró: "Señor, ábrele a Guiezi los ojos para que vea". El Señor así lo hizo, y el criado vio que la colina estaba llena de caballos y de carros de fuego alrededor de Eliseo.

En ese momento fue quitada la ceguera espiritual de Guiezi y pudo ver que era cierto lo que decía Eliseo. Dios había enviado una multitud de seres espirituales para cubrirles.

Hubiera sido una desdicha para el criado no haber podido ver la majestuosidad de lo que estaba haciendo el Dios divino. Hubiera sido frustrante, solo alcanzar a ver lo que sus ojos físicos le permitían ver.

De igual modo, es frustrante para Dios que Él te haya transformado a ti y continúe transformando gente en tu iglesia, y a pesar de ello, tú no lo veas por andar enfocándote en cosas que a tu entender, se deberían hacer de otra manera. Preocúpate por ti y olvídate de lo que hacen o dicen los demás. Aprende a ver la iglesia como lo que es, un hospital donde acuden los enfermos en busca de atención a su necesidad. Y no existe tal cosa como hospital perfecto. He sabido de muchas negligencias médicas que se han cometido en hospitales. Pero a pesar de eso, la gente sigue acudiendo a ellos porque sabe que es ahí donde tienen las herramientas que le pueden brindar una solución a su condición. Hay de todo tipo de hospitales. Están los bien eficientes y están los menos eficientes, pero a fin de cuentas, todos salvan vidas.

De la misma manera, hay de todo tipo de iglesias. Pero una iglesia dirigida por la misma presencia del Espíritu Santo, salva vidas. Esa iglesia florece, y la mayoría de las personas que forman parte de ella, florecen. Aun así, siempre aparece una minoría que lamentablemente se marchita.

¿Por qué dentro del mismo ambiente podemos encontrar gente marchitada y gente florecida? Por la percepción de cada individuo, de la cual hablábamos horita. Unos, por más buena que esté la cosa, dicen: "Esta casa no es para mí." Otros, perciben la presencia de Dios, y dicen: "¡De aquí no me muevo!"

Mi deseo para ti es que cada domingo cuando llegues a la Casa del Señor, puedas decirle con un corazón abierto: "Hoy, Dios mío traigo mi copa boca arriba para que me llenes de ti. Usa al ministerio de adoración para ministrar a mi vida. Usa a mi pastor para que me traiga la Palabra que tienes preparada para mí. Usa a los maestros de la Iglesia del Niño para que le enseñen a mis hijos lo que Tú quieres que ellos aprendan. Ayúdame a enfocarme y a poner mi atención en las cosas de arriba. Abre mis ojos, Señor porque quiero verte. Solo importas Tú. Permíteme contemplarte hoy y cada día de mi vida."

El rey David le pedía una sola cosa al Señor. Este era su clamor, y único deseo. Espero que también sea el tuyo:

"Dios mío, solo una cosa te pido, solo una cosa deseo: déjame vivir en tu templo todos los días de mi vida, para contemplar tu hermosura y buscarte en oración. Cuando vengan tiempos difíciles, Tú me darás protección: me esconderás en tu templo, que es el lugar más seguro. Tú me darás la victoria sobre mis enemigos; yo, por mi parte, cantaré himnos en tu honor, y ofreceré en tu templo sacrificios de gratitud." (Salmos 27:4-6 TLA)

Este hombre anhelaba poder estar en el templo de Dios, todos los días. Y lo que añoraba lograr allí era contemplar la belleza del Señor. No quería mirar para los lados. No quería fijarse en lo que había alrededor. Solo quería enfocarse en Dios y buscar su presencia en oración. Reconocía que el templo era el lugar más seguro para él estar. Y proclamaba que allí cantaría y ofrecería su gratitud a Jehová, por cada una de las bendiciones recibidas.

Aquel rey David que había pecado, como dijimos al principio, se convirtió en el adorador que más canciones escribió en la Biblia. Se convirtió en un fiel seguidor de Dios. Era apasionado por su presencia y llegó a amar, sobre cualquier cosa, la casa de Aquel que lo había perdonado.

Si Dios te perdonó, te restauró y te transformó, permanece en su casa. Ese es el lugar seguro para ti. No te desenfoques. Es más, siéntate en las filas del frente de la iglesia para que nada te haga desviar la atención. Observa lo que Dios está haciendo y no permitas que el diablo te distraiga, haciéndote mirar lo que no tiene importancia.

Recibe este consejo final que aparece en la Biblia:

Mira hacia adelante y fija los ojos en lo que está frente a ti. Traza un sendero recto para tus pies; permanece en el camino seguro. No te desvíes; evita que tus pies sigan el mal (Proverbios 4:25-27 NTV).

Capítulo 11: Escuchando la voz de Aquel que conozco

Está comprobado que un bebé recién nacido no puede observar claramente. El sentido de la vista se va desarrollando gradualmente a medida que crece. Sin embargo, la pequeña criatura comienza a oír sonidos desde que está en el vientre materno. Las voces de mamá o papá, o algún otro miembro de la familia que le habla constantemente mientras está en la barriga, tienden a ser sonidos reconocidos para este nuevo ser. Los sonidos inesperados o fuertes pueden asustar a un recién nacido, pero la voz que él reconoce puede lograr que se tranquilice rápidamente. Los bebés son capaces de saber quién es su mamá o papá desde el momento que nacen, y todo porque al oír sus voces, las reconocen.

Recuerdo cuando estaba embarazada de mi hija Sarah. La bebé casi no se movía durante todo el día, a pesar de que yo le hablaba bastante. Pero no hacía mas que llegar su papá de trabajar y comenzar a hablarle: "¿Dónde está mi Chupi?" Y ella se movía de inmediato. Surgió un idilio amoroso entre ellos, desde que mi pequeña estaba en el vientre. Cada noche al regresar él a casa, ella reconocía su voz y su cuerpecito reaccionaba.

Así mismo nos pasa a los hijos de Dios cuando Él nos habla. Reaccionamos con alegría ante su voz, pero solo si le conocemos de corazón. Por el contrario, si no reconocemos la voz del que nos habla, reaccionamos de manera divergente.

Esto fue lo que le sucedió al gran profeta Samuel. Cuando aún era un niño, Dios lo llamó. Pero Samuel nunca antes había escuchado a Dios, así que no reconoció su voz (1Samuel 3:7 NTV). Y creyendo que era el sacerdote quien lo llamaba, acudió a él tres veces en respuesta a ese llamado. Hasta que el sacerdote se percató que era el Señor quien lo llamaba, y lo envió a acostarse, diciéndole: "Si te vuelven a llamar, responde: Habla, Señor, que tu siervo escucha." Efectivamente, Dios volvió a llamar a Samuel, pero esta vez respondió como el sacerdote le había dicho: "Habla, Señor, que tu siervo escucha." (1 Samuel 3:10)

Como consecuencia de la disposición de Samuel a escuchar, Dios le reveló el mensaje. Mientras crecía, el Señor le seguía hablando. Dice en ese mismo capítulo, en el verso 21 que Dios siguió manifestándose y comunicándole su Palabra.

Samuel aprendió a identificar la voz de Dios, prestando atención a su mensaje. Por eso, el Señor lo escogió como profeta.

Cuando el ser humano reconoce la voz del que lo llama, reacciona confiadamente a lo que escucha, pero cuando no la reconoce, reacciona de forma contraria.

Tengo una pregunta para ti: "¿Has escuchado a Dios hablar a tu vida?" Espero que la respuesta sea, sí. De ser así, mi siguiente pregunta es: "¿Cómo has reaccionado ante la misma?"

Dios está buscando gente sabia que no escucha la basura de lo que el diablo dice, sino las verdades que Dios dice. Él está buscando gente que diga como Samuel: "Háblame Señor, que te escucho."

Poder escuchar es otra dádiva de Dios, así como poder ver. Lo hablamos en el capítulo anterior. Pero en ocasiones, el escuchar se puede convertir en maldición, si permitimos que lo que escuchamos, nos dañe y nos contamine.

A veces es imposible no escuchar, pues son evidentes los bullicios que hay a nuestro alrededor. ¿No te ha pasado que estás en una tienda o comiendo en un restaurant y tienen una música a todo dar que no edifica? Mientras estás ahí, no te queda más remedio que oírla, pues agraciadamente no eres sordo. Pero ¡qué malo cuando salimos del lugar y la canción se nos queda pegada! A mí me ha pasado, y después me encuentro repitiéndola en mi mente, una y otra vez. Si eso te sucede, la mejor manera de contrarrestarlo es escuchando otro tipo de música que sí edifica, hasta que aquella chabacana sale de tu mente.

Escuchar no es malo, es una bendición. Ahora mismo, mientras escribo este capítulo, me encuentro en una casa de playa que mi esposo reservó para retirarnos a descansar y a estar en comunión con Dios. A medida que escribo, puedo escuchar el agradable sonido del mar y el grato cantar de las aves. ¡Qué hermoso lo que escucho! Pero de igual manera, a veces nos vemos envueltos en medio de ruidos o conversaciones desagradables que debemos tratar de evadir. A menudo, lo que escuchamos no edifica. Para colmo, permanece en nuestro cerebro, y nos afecta.

El asunto está en qué hacemos con lo que escuchamos. ¿Nos contaminamos? ¿Nos desmoralizamos? ¿O nos levantamos y luchamos en contra de eso negativo que hemos oído?

Recuerdo en el pasado, cómo una persona muy allegada me dijo cosas bien hirientes cuando le conté los planes que tenía para el futuro. Dios había traído confirmación a mi vida a través de unas prédicas, y también por medio de los consejos de un pastor. Así que le conté que ya estaba totalmente clara en los próximos pasos que tomaría en mi vida. Nunca se me olvida cómo esa persona comenzó a hablar de manera negativa y a decirme que estaba equivocada en lo que pensaba hacer. Ciertamente me bajó el entusiasmo que tenía. Comencé a dudar si sería cierto lo que yo creía haber escuchado de parte del Señor. Previo a esa conversación estaba tan segura que era la voz de Dios que me había hablado a través de aquellos mensajes. Sabía que era Él quien me había mostrado lo que debía hacer. Pero ahora estaba toda destruida porque la voz de aquella figura significaba mucho para mí y no iba alineada con los consejos de los pastores. No era compatible con los deseos que habían crecido dentro de mí. Fue muy frustrante encontrarme en esa situación. En mi país decimos: "Me puso en tres y dos."

Ahora bien, decidí llevarle el asunto a Dios en oración. Desde niña, mi abuelita me enseñó la importancia de orar y comunicarme con Dios. Así que aprendí a reconocer su voz desde temprana edad. Permanecí orando por algunos días, hasta que escuché que el Señor me confirmó una vez más el paso que debía dar. Recuerdo que fui a donde aquella persona y le dije: "Hubiera querido que me apoyaras en mis decisiones, pero si no lo haces, continuaré como quiera con el plan porque no puedo ser desobediente a lo que Dios me dice que haga. Y estoy súper segura que este es su plan, y no el mío."

Hasta el día de hoy, no me arrepiento de la decisión que tomé. Porque fue Papá quien habló. Y cuando Papá habla, escuchamos y hacemos lo que Él dice, gústele o no a quien quiera que sea.

La voz de papi o mami, o de un amigo muy cercano, o de algún familiar, o consejero, puede ser importante, pero nunca más importante que la voz de Dios.

El escuchar la voz de Dios es vital en la vida de un creyente. Cuando escuchamos la voz de Dios y nos dejamos dirigir por ella, llegaremos exactamente al lugar que Dios quiere llevarnos.

Por eso vemos que el pueblo de Israel en el Antiguo Testamento no llegaba muy lejos. Porque hoy oían y se sometían a la voz de Dios, pero si mañana oían de parte de Él lo que ellos no querían escuchar, se volvían rebeldes y desobedientes. Entonces el Señor los dejaba que siguieran por su propia cuenta.

Lo dice así en el Salmo 81:8, 11-14 (NVI) "Escucha, pueblo mío, mis advertencias; ¡ay, Israel, si tan solo me escucharas!" Pero mi pueblo no me escuchó; Israel no quiso hacerme caso. Por eso los abandoné a su obstinada voluntad, para que actuaran como mejor les pareciera. Si mi pueblo tan solo me escuchara, si Israel quisiera andar por mis caminos, ¡cuán pronto sometería yo a sus enemigos, y volvería mi mano contra sus adversarios!

Pueblo de Dios, es una verdad evidente que Dios nos deja cuando no le escuchamos ni le hacemos caso.

Sencillamente se aleja y nos deja hacer las cosas a nuestra manera. Solo así más adelante nos damos cuenta de que nos equivocamos y que su manera es siempre la mejor.

Cuando pequeña, mi mamá siempre me repetía: "El que no escucha consejo, no llega a viejo." Correcto, pero hay que saber cuál consejo escuchar y cuál no, porque ciertamente no todos los consejos que escuchamos son buenos.

Hay gente que pensando estar en lo correcto dan consejos que no sirven. Consejos que si los escuchas, te perjudican. Aprende a no escuchar consejos de todo el mundo. Busca consejo en gente sabia y ungida de Dios.

Los consejos de Dios nunca fallan. Él solo desea bendecirte. Quiere que escuches su Palabra y no te vuelvas desobediente a ella. ¡Qué mucho nos daría el Señor si pusiéramos en práctica sus consejos! Pero a veces el Señor nos habla, y nos muestra el camino a seguir a través de la Escritura, o a través de una prédica, y nosotros decidimos cerrar nuestros oídos y hacer lo que nos da la gana.

Cuando éramos niños, escuchábamos a nuestros padres decir: "Recoge tu cuarto y recibirás un premio." "Saca buenas notas y te compro eso que tanto quieres." Y aunque no nos gustara recoger el cuatro, ni estudiar para sacar buenas notas, obedecíamos, solo por el interés de recibir la recompensa. Hacíamos caso, a fin de obtener el premio.

Así mismo, Dios otorga bendiciones al que escucha y hace lo que Él manda.

En el libro de Jueces encontramos la historia de Gedeón:

Aquella noche el Señor le dijo a Gedeón: "Levántate y baja al campamento, porque voy a entregar en tus manos a los madianitas. Si temes atacar, baja primero al campamento, con tu criado Furá, y escucha lo que digan. Después de eso cobrarás valor para atacar el campamento."

Dios le estaba declarando la victoria a Gedeón, pero para que tuviera confirmación de la misma, lo envió a escuchar una conversación. El Señor sabía que oír aquella plática le traería sosiego a su siervo.

Así que él y Furá, su criado, bajaron hasta las afueras del campamento. Gedeón llegó precisamente en el momento en que un hombre le contaba su sueño a un amigo. —Tuve un sueño —decía—, en el que un pan de cebada llegaba rodando al campamento madianita, y con tal fuerza golpeaba una carpa que esta se volteaba y se venía abajo. Su amigo le respondió: —Esto no significa otra cosa que la espada del israelita Gedeón hijo de Joás. ¡Dios ha entregado en sus manos a los madianitas y a todo el campamento!

Cuando Gedeón oyó el relato del sueño y su interpretación, se postró en adoración. Luego volvió al campamento de Israel y ordenó: "¡Levántense! El Señor ha entregado en manos de ustedes el campamento madianita."
(Jueces 7:9-15 NVI)

Cuando Gedeón escuchó el sueño que Dios le había dado a aquel hombre, se postró a adorar, pues tuvo la certeza que el Señor le daría la victoria.

¿Y tú? ¿Qué haces cuando escuchas la voz de Dios? ¿Lo adoras o reniegas? Porque sé que muchas veces no nos agrada lo que Dios dice. Ha habido momentos en mi vida que no me ha gustado lo que he escuchado de parte de Dios.

En una ocasión, el Señor me hablaba y me enviaba a imponer las manos y a orar por una mujer estéril. Yo escuchaba que Él me decía: "Declara y su vientre se abrirá." Pero yo no quería hacer eso. Pensaba que tal vez no era Dios y era mi propia voz. En mi interior, me repetía: "Y si quedo avergonzada y esa pobre muchacha se ilusiona y nunca logra ser mamá. Quedaré como mentirosa."

Pero Dios seguía repitiéndome lo mismo. Yo le escuchaba, pero me hacía la sorda. En definitiva, no obedecí. Por los próximos dos meses, Dios no me dejaba tranquila. Cada vez que veía a la mujer en la iglesia, escuchaba a Dios diciéndome que lo hiciera. Hasta que un día, me armé de valor. Obedecí e hice exactamente lo que Dios me enviaba a hacer. ¿Cómo termina la historia? Aquella mujer tuvo un hijo. Tiempo después tuvo una hija. ¡Gloria sea al Dios del cielo que no se equivoca en lo que habla!

Pero muchos de nosotros nos hacemos los sordos ante su Palabra. Gedeón no fue sordo. Fue y escuchó, tal y como Dios le dijo. Luego de eso, llevó su ejército a la batalla, y el Señor le dio la victoria como le había prometido.

¿Te habla el Señor y estás seguro que lo que escuchas es su voz? Entonces, presta atención a sus palabras y ponlas en práctica.

La Biblia dice en Santiago 1:22-25 NTV:

No solo escuchen la Palabra de Dios; tienen que ponerla en práctica. De lo contrario, solamente se engañan a sí mismos. Pues, si escuchas la Palabra pero no la obedeces, sería como ver tu cara en un espejo; te ves a ti mismo, luego te alejas y te olvidas cómo eres. Pero si miras atentamente en la ley perfecta que te hace libre y la pones en práctica y no olvidas lo que escuchaste, entonces Dios te bendecirá por tu obediencia.

Nos dice aquí en palabras sencillas que escuchemos y que pongamos en práctica lo escuchado. Porque si solo escuchamos, pero no obedecemos, Dios no nos bendecirá.

El mismo Jesús habló sobre este tema y dijo:

"El que escucha lo que yo enseño y hace lo que yo digo, es como una persona precavida que construyó su casa sobre piedra firme. Vino la lluvia, y el agua de los ríos subió mucho, y el viento sopló con fuerza contra la casa. Pero la casa no se cayó, porque estaba construida sobre piedra firme. Pero el que escucha lo que yo enseño y no hace lo que yo digo es como una persona tonta que construyó su casa sobre la arena. Vino la lluvia, y el agua de los ríos subió mucho, y el viento sopló con fuerza contra la casa. Y la casa se cayó y quedó totalmente destruida."
(Mateo 7:24-27 TLA)

Tenemos que escuchar y ejecutar para ser comparados con ese hombre sabio que construyó su casa sobre un fundamento sólido. Pero si escuchamos y no hacemos lo que Él dice, nos convertimos en personas tontas que edifican sobre arena.

Hay gente que va a la iglesia y escucha de todo, menos lo que realmente tiene que escuchar, que es la Palabra de Dios. Escuchan los feedbacks del sonido, y les molesta. Escuchan los bochinches de los hermanos, y se contaminan. Escuchan que uno de los cantantes se salió de tono, y les perturba. Pero escuchan la palabra predicada, y la misma no causa ningún efecto en ellos. ¡Cómo es posible que nuestro Padre hable y pasemos por alto su voz!

Bien claro dice en Hebreos 4:7 (NVI): "Si ustedes oyen hoy su voz, no endurezcan su corazón."

Permite que Dios te moldee con su Palabra. Escucha lo que Él tiene que decirte y permítele que ablande tu corazón.

¡Presta atención! A todos nos gusta ser escuchados. Como esposa, sé que nos causa enojo que le hablemos a nuestros esposos y no nos presten atención. Nos da coraje hablarle a nuestros hijos y que no escuchan lo que les decimos. Por lo tanto, no le hagas lo mismo a Dios. Escúchale y tómale en serio cuando te habla. Sigue su consejo y ejecútalo.

Proverbios 4:20-22 (NTV) nos exhorta: Hijo mío, presta atención a lo que te digo. Escucha atentamente mis palabras. No las pierdas de vista. Déjalas llegar hasta lo profundo de tu corazón, pues traen vida a quienes las encuentran y dan salud a todo el cuerpo.

Escuchar y prestar atención a la Palabra de Dios te traerá vida y te traerá salud.

¡Abre tu corazón! Cada vez que leas su Palabra, ora: "Dios, habla a mi vida." "Permíteme escucharte y ser obediente a tu voz."

Cada vez que vayas a la iglesia, pídele al Señor que abra tus oídos para que puedas escuchar lo que Él te quiere hablar. En tu tiempo personal con Dios, anota en un diario lo que escuchas que Él te dice. Así podrás repasar tus notas y traer a la memoria el mensaje que el Señor te ha comunicado.

Dios es tan bueno y tan paciente que siempre nos escucha, aun cuando nosotros no siempre le escuchamos a Él.

El salmista decía: "Amo al Señor porque escucha mi voz y mi oración que pide misericordia. Debido a que Él se inclina para escuchar, ¡oraré mientras tenga aliento!" (Salmos 116:1-2 NTV)

Es una realidad, Él se inclina a escucharnos atentamente. Tomemos ventaja de eso y oremos al Señor en esta hora:

Padre, te alabo y te doy gracias porque me escuchas y siempre prestas atención a mis plegarias. Perdóname por las veces que no te escucho, o más aun, perdóname por las veces que te escucho, pero no hago lo que me dices. Estoy dispuesto a escucharte. Estoy dispuesto a dejarme dirigir por tu voz. Ayúdame a reconocerla y a ser sensible a ella cuando me hablas. Dame el dominio propio para dejar de escuchar todo lo que no edifica. Quiero concentrarme en ti y aprovechar al máximo el regalo de poder escucharte. Heme aquí Señor. Habla que tu siervo escucha. En el nombre de Jesús. Amén.

Capítulo 11 ½: Hablando palabras que edifican

Sé que suena curioso un capítulo 11 y medio. ¡Solo en un libro de la Pastora Clary! Jaja. Me voy a sincerar contigo, y te contaré lo que pasó. Luego de pensar que había terminado de escribir, el Señor me envió a añadir este tema. Así que siendo obediente a lo que Dios puso en mi corazón, te escribo acerca de esto.

Hablamos en los dos capítulos anteriores de lo que vemos y de lo que escuchamos. Ahora expondremos un poco acerca de lo que hablamos.

¿Alguna vez has conocido a una persona cristiana que lleva una vida bastante favorable, comportándose bien y dando buen testimonio, pero que a la hora de hablar echa todo a perder? Yo he conocido gente así. Gente que cuando abre su boca para hablar, le sale una de cosas que ¡ay, ay, ay! Incluso, reconozco que ocasionalmente he caído en la trampa del enemigo. Para mi vergüenza, tengo que admitir que en conversaciones que he sostenido con este tipo de gente, se me ha pegado la maña, y he terminado participando de pláticas que no edifican. ¡Auch!

Luego he tenido que pedirle perdón al Señor por haber hablado cosas que no debía.

La Biblia nos advierte que las malas conversaciones, corrompen las buenas costumbres.
(1 Corintios 15:33 RVR 1960)

Podemos conducir nuestra vida de manera aceptable ante el Señor, pero la juntilla con personas que no hablan discretamente, nos conduce, la mayoría de las veces a dejarnos llevar por la corriente y a hablar como hablan ellos.

En mi vida, he tenido que identificar quiénes son estas personas a mi alrededor con las cuales no debo tener conversaciones, y alejarme de ellas. Como hija de Dios, he tenido que darme cuenta de que si algo no me edifica, o me es ocasión de caer, debo cortarlo por completo.

El apóstol Pablo decía que todo le era permitido, pero que no todo le era provechoso. Abundaba en que todo era permitido, pero no todo era constructivo.
(1 Corintios 10:23 NVI)

Lo que no construye, destruye. Y de eso es lo que tú y yo debemos huir.

Proverbios 21:23 (NTV) dice: Cuida tu lengua y mantén la boca cerrada, y no te meterás en problemas.

Este proverbio, en la versión de mi señora madre, diría de dos maneras:

1. "En boca cerrada no entran moscas."
2. " Calladita te ves más bonita."

Sé que también a muchos de ustedes le repitieron estos refranes en algún momento. La triste realidad es que aunque sabemos y estamos conscientes de que debemos mantener la boca cerrada para evitarnos problemas, a la hora de la verdad, la carne se alborota, y terminamos aportando a la charla lo que no es constructivo.

Ten mucho cuidado con lo que dices. Antes de hablar, mide bien tus palabras. Las mismas podrían perjudicar a alguien y también te podrían perjudicar a ti.

María (también conocida como Miriam), la hermana de Moisés experimentó esto en su vida.

Leemos su historia en el libro de Números capítulo 12 (DHH941): María y Aarón empezaron a hablar mal de Moisés, porque este se había casado con una mujer etíope. Por eso el Señor les dijo a Moisés, Aarón y María: "Vayan ustedes tres a la tienda del encuentro." Los tres fueron allá. Entonces el Señor bajó en una espesa nube y se colocó a la entrada de la tienda; luego llamó a Aarón y a María, y cuando ellos se presentaron el Señor les dijo: "Escuchen esto que les voy a decir: Cuando hay entre ustedes un profeta de mi parte, yo me comunico con él en visiones y le hablo en sueños; pero con mi siervo Moisés no lo hago así. Él es el más fiel de todos mis siervos, y con él hablo cara a cara y en un lenguaje claro. Y si él me ve cara a cara, ¿cómo se atreven ustedes a hablar mal de él?" El Señor se enojó mucho con ellos, y se fue. Y en cuanto la nube se alejó de la tienda, María se puso leprosa. Entonces Moisés suplicó al Señor: "Por favor, oh Dios, te ruego que la sanes." Y María fue echada fuera del campamento durante siete días.

Por haberse puesto chismosa y hablar cosas negativas, tuvo que ser excluida del campamento por siete días, en lo que se sanaba. A Dios le molestó mucho lo que dijo acerca de su siervo.

Lo cierto es que desagradamos a Dios cuando proferimos por nuestra boca, bochinche y negatividad. Cuando hablamos de los demás, el Señor se molesta con nuestra actitud. Cuando criticamos lo que vemos, sin ser cierto lo que hablamos, tendremos consecuencias delante de Dios.

Me encanta como la TLA expone lo que dice Jesús en Mateo 12:34-37:

"Lo que ustedes enseñan es tan malo como el veneno de una serpiente. ¡Claro! ¿Cómo van a decir cosas buenas, si ustedes son malos? Porque si alguien es bueno, siempre dice cosas buenas, y si es malo, siempre dice cosas malas. Les aseguro que en el día del juicio final todos tendrán que explicar por qué hablaron para hacerles daño a los demás. Dios juzgará a cada uno de acuerdo con sus palabras: si dijeron cosas buenas se salvarán, pero si dijeron cosas malas serán castigados."

Dicho de otra manera, tendremos que rendir cuentas a Dios por lo que decimos. Las palabras que salen de nuestro interior están siendo evaluadas. El Señor pasará juicio sobre nosotros, conforme a lo que hablamos.

Esa misma porción en la versión RVR 1960 dice que de la abundancia del corazón habla la boca. Lo expone como un hombre con un tesoro en el corazón. Si el hombre es malo, entonces de ese tesoro malo que hay allá dentro, saldrán cosas malas. Pero si el hombre es bueno, su tesoro es bueno y de ahí saldrán cosas buenas. Y al final de la porción, Jesús termina diciendo: "Porque por tus palabras serás justificado, y por tus palabras serás condenado." (Mateo 12:37 RVR1960)

La hermana de Moisés fue condenada por sus palabras. Estoy segura que después de ese incidente aprendió su lección, y de ahí en adelante cerró la boca para que no le entraran moscas, ¡nunca jamás! De ahí en adelante se veía más bonita porque permanecía calladita.

En un pasado conocí a dos personas que al igual que Miriam, fueron condenadas de parte de Dios por lo que verbalizaron. Cuando mi esposo comenzó como pastor, fue altamente criticado por parte de estos dos hombres. No lo veían con buenos ojos, no lo veían preparado y mucho menos, llamado a ejercer el ministerio. Terminaron yéndose de la iglesia por no poder aceptar a mi esposo como su pastor. Pero durante su salida, no se fueron callados. Se fueron hablando, criticando y haciendo predicciones de que su ministerio no llegaría muy lejos. ¡Pobre de ellos! El Señor se molestó muchísimo al escuchar todo lo negativo que ellos expresaron acerca de su escogido. Era cierto que mi esposo no era el más capacitado para ocupar la posición en ese momento, pero era el más dispuesto, y por eso Dios lo ungió como pastor. Así que, par de años más tarde, nos enteramos que uno de ellos había sufrido un accidente, el cual lo dejó en cama de hospital por algún tiempo; y al otro, le dio cáncer. Luego de eso, ya no supimos más de ellos.

Ten bien presente que Dios condena a aquellos que usan su lengua para proferir palabras dañinas o perjudiciales hacia un inocente.

Dice Santiago 3:9-11 (TLA): <u>Con nuestra lengua podemos bendecir o maldecir</u>. Con ella alabamos a nuestro Dios y Padre, y también insultamos a nuestros semejantes.

Hermanos, ¡esto no debe ser así! De un mismo pozo no puede salir agua dulce y agua amarga.

Usa tu lengua para bendecir. Si puedes hablar, dale gracias a Dios porque no eres mudo, y abre tus labios para bendecir a Dios y a tus semejantes. Que tu boca no sea un pozo del cual brotan palabras dulces y palabras amargas.

Concluimos este tema con un sabio consejo del apóstol Pedro:

"El que quiera amar la vida y gozar de días felices, que refrene su lengua de hablar el mal y sus labios de proferir engaños." (1 Pedro 3:10 NVI)

¿Quieres ser feliz en esta vida? Refrénate de hablar lo que no se escucha bien a los oídos de Dios.

Oración: Señor, te pido que me ayudes a controlar las palabras que salen de mi boca. Perdóname porque reconozco que a veces saco malas cosas del tesoro de mi corazón con las palabras que digo. Enséñame a ser más reservado y a hablar solo cuando debo. Enséñame a callar cuando no tengo nada bueno que aportar. Dame sabiduría en mi modo de hablar. Que mis palabras edifiquen y no destruyan. Que logre bendecirte con mis palabras. Toma control de lo que digo, Señor, y guarda mis labios (Salmo 141:3). En el nombre de Jesús. Amén.

Capítulo 12: Soltando todo en las manos de Dios

El nerviosismo, la preocupación, la angustia o ansiedad son sentimientos comúnmente vividos a diario por cada ser humano. Por cualquier cosa nos acongojamos. Muchas situaciones nos alteran y nos pueden llevar al punto de depresión, si nos dejamos inundar por ellas.

Hay un intenso poder en nuestra mente, el cual nos puede llevar a la locura y a tener que recurrir a sicólogos, siquiatras, e incluso a la dependencia de medicamentos para poder "funcionar."

Recientemente vi el testimonio del reconocido cantautor Juan Luis Guerra. Dice que cuando por fin ganó un Grammy, que es lo máximo en el mundo de la música, la presión que sentía no lo dejaba dormir. Tuvo que recurrir al uso de pastillas para poder conciliar el sueño. Dice que había algo en su interior que no podía controlar. Hasta que un día, unos amigos le presentaron a Jesús como solución a sus problemas. Él decidió aceptarlo en su corazón como Salvador, y a partir de ese momento fue sanado de aquella ansiedad tan severa que confrontaba. Luego de eso, grabó su primer disco cristiano, con el tema Las Avispas. Cristo lo liberó de esa terrible angustia que había en su interior. Por eso, parte de la letra de esa canción dice:

Tengo un Dios admirable en los cielos
Que me libra de mal y temores
Es mi roca y mi gran fortaleza
Y me colma con sus bendiciones.

Jesús me dijo que me riera
Si el enemigo me tienta en la carrera
Y también me dijo: "No te mortifiques"
Que yo le envío mis avispas pa'que lo piquen.

Cuando el pueblo de Israel marchaba hacia su conquista, se enfrentaba a pueblos que eran más grandes que ellos. Por eso siempre se angustiaban, pero el Señor hacía lo que tuviera que hacer, con tal de defenderlos. Y en ocasiones, llegó a enviar avispas frente a sus enemigos para que les picaran y los hicieran huir (Deuteronomio 7:20).

Si todos los hijos de Dios tuviéramos esa imagen, como la tuvo Juan Luis Guerra, de avispas enviadas por Dios para nuestra defensa, andaríamos menos preocupados en la vida.

Pero cualquier cosa nos preocupa. Cualquier cosa nos angustia y nos quita el sueño. Y este es un mal común. Nos pasa a todos. A incrédulos y a creyentes, a recién convertidos y también a maduros espirituales.

En una ocasión, el rey David, luego de tres días fuera, venía regresando con sus hombres a su ciudad en Siclag y se toparon con que los amalecitas habían quemado y destruido toda la ciudad. En adición, se habían llevado a los niños y a las mujeres, entre ellas, las dos esposas del rey. Al ver el panorama, todos se pusieron a llorar, hasta que ya no tuvieron más fuerzas.

Y David se <u>angustió</u> mucho, porque el pueblo hablaba de apedrearlo, pues todo el pueblo estaba en amargura de alma, cada uno por sus hijos y por sus hijas; mas David <u>se fortaleció en Jehová su Dios</u> (1 Samuel 30:6 RVR1960).

Hasta David, quien era un hombre conforme al corazón Dios, se angustió. No porque no confiaba en Dios, sino porque era humano, igual que tú, igual que yo. Pero ante su angustia supo a quién acudir. Me gusta como lo expone la NVI. Dice que cobró ánimo y puso su confianza en el Señor su Dios.

Luego de eso, consultó al Señor para saber cuál era el próximo paso a seguir. Y el Señor le dijo: "Persíguelos que vas a poder rescatar a todos los cautivos." Así lo hizo, y tal como Dios le dijo, David pudo recobrar todo lo que los amalecitas le habían robado, incluyendo a sus dos esposas. Nada les faltó del botín, ni grande ni pequeño, ni hijos ni hijas, ni ninguna otra cosa de lo que les habían quitado. (1 Samuel 30:18-19 NVI)

Si David ante su angustia se hubiera quedado llorando, no hubiera podido rescatar todo lo que le pertenecía. Si el lloro y el lamento lo hubieran cegado, no habría tenido el sano juicio para pensar que la consulta a Dios era vital, pues le daría dirección en lo que tenía que hacer.

Ojalá tuviéramos la misma capacidad de David y pusiéramos nuestra confianza en el Señor. Solo Él es capaz de resolver todas y cada una de nuestras situaciones.

En el capítulo 9 hablamos de los "No" que nos pueden conducir al éxito. Y hay dos No, importantísimos que no quise incluir en ese capítulo porque hay tanto que decir, que vale la pena dedicar un capítulo completo, solo para ellos. Además, encajan muy bien con el tema de este capítulo.

El mismo Señor Jesucristo fue quien habló de estos dos No. Los encontramos en Mateo, capítulo 6.

Verso 25 Por eso les digo: No se preocupen por su vida, qué comerán o beberán; ni por su cuerpo, cómo se vestirán.

Verso 34 Por lo tanto, no se angustien por el mañana, el cual tendrá sus propios afanes. Cada día tiene ya sus problemas.

La preocupación, fácilmente conduce a la angustia. Por eso Jesús advirtió primero: "No se preocupen", y luego: "No se angustien."

La preocupación toma lugar en la mente. La angustia, además de la mente, también afecta el cuerpo. La preocupación es una espina atascada en el cerebro. La angustia es más compleja y puede presentar síntomas físicos que inmovilizan a un individuo.

El ejemplo perfecto de esto es la llegada del COVID 19, del cual hablamos anteriormente. Ante este virus nuevo y desconocido, toda la humanidad confrontó preocupación. De las garras de la preocupación no se zafó ningún ser humano. Sin embargo, hubo gente que no solo cayó en preocupación, sino también en estado de angustia.

La angustia es una reacción de alerta que percibe un sujeto ante una situación de peligro o de amenaza para él. Y la misma, conllevó a un significativo aumento de enfermedades mentales durante el año 2020. Esto es así debido a que cada persona reacciona de manera diferente ante estímulos externos.

Leí esto y me pareció gracioso: Supongamos que vas caminando por el parque y de momento un perro grande te acecha, ¿eres de los que enfrentan al perro o de los que salen corriendo, más rápido que ligero?

En el momento, tu cerebro enviará mensaje de peligro al cuerpo. De seguro te va a atacar la preocupación: ¿Qué hago? ¿Ataco al perro primero, o dejo que primero me ataque a mí? ¿Salgo huyendo, o me quedo calmado hasta que se vaya? La manera en que reaccionas dependerá de ti. Desafortunadamente, muchos vagan por la vida como si tuvieran un perro rabioso amarrado en el trasero. Viven en estrés, en temor y en ansiedad constante ante cada situación que confrontan.

Pero cuando conocemos al Dios Todopoderoso, sabemos que podemos llevarle nuestras preocupaciones, confiando que Él se encargará de manejar lo que en nuestra capacidad humana, no somos capaces de manejar.

No podemos, bajo ninguna circunstancia permitir que el miedo o la preocupación nos domine. Debemos en toda situación hacer como hizo David, orar y consultar al Señor. Confiar y fortalecernos en Él.

Luego de esta cuarta cirugía a la que me enfrenté hace año y medio atrás, vi cara a cara lo que era la angustia. Antes de esta cirugía, ya conocía a la Señora Preocupación. Pero durante mi último proceso de recuperación, conocí personalmente a la Señora Angustia. Esta ha sido una de las experiencias más horribles que he experimentado en mi vida. Llegué al punto que el dolor era tan fuerte, que ya mi cuerpo no resistía. Tenía que tomar medicamentos para el manejo del dolor todo el tiempo. No me podía valer por mí misma. No hallaba la forma de encontrar alivio. Así que caí en un pozo de desesperación. Por lo regular, no soy llorona, pero esta situación me sacaba las lágrimas, inevitablemente. La angustia me había invadido de manera involuntaria. Por más que la rechazaba y la reprendía, no me quería dejar. Me acechaba día y noche.

Tal vez me juzgarás, diciendo: "¡Y eso que eres pastora!" Ciertamente lo soy, pero en nuestra humanidad, nadie está exento de caer en angustia. Hasta Jesús la experimentó muy de cerca.

Dice la Palabra que la angustia lo hacía sentirse morir (Mateo 26:38 NVI). Y así me sentía yo, totalmente desfallecida.

Probablemente puedes pensar que la angustia es la ausencia de confianza en Dios. Y absolutamente, discrepo a eso. Porque de ser así, entonces Jesús no confió en su Padre en los últimos momentos de su vida. Él expresó que se sentía morir a causa de su angustia.

Jesús confiaba plenamente en su Padre. Pero como ser humano, se afligió ante una situación que Él no podía cambiar, pues la profecía ya estaba escrita. No se podía escapar de ella. Tenía que enfrentarla.

Al igual que Jesús, yo no podía cambiar la situación de dolor en la que me encontraba, y por eso me angustiaba. Confiaba en Dios y lo sigo haciendo cada día, pero la situación desesperante me provocaba angustia.

Agraciadamente, hoy he superado mi situación porque permanecí confiando en Aquel que siempre ha sido capaz de ayudarme.

Durante mi proceso, el Señor me dio muchos versículos acerca de la confianza. De hecho, algunos de ellos están copiados en papel con mi propia letra, y permanecen pegados en mi baño. Aún los miro y recibo aliento para seguir confiando en Papá.

Mi favorito es: Pero <u>los que confían</u> en el Señor <u>renovarán sus fuerzas</u>; volarán como las águilas: <u>correrán y no se fatigarán</u>, caminarán y no se cansarán (Isaías 40:31 NVI).

Puede que todavía no me haya recuperado al 100%, pero confío. Puedo todavía sentir un poco de dolor, pero confío. ¡El Señor renovará mis fuerzas! Al día de hoy, todavía no puedo correr, ¡pero pronto, correré! Esa es su promesa, y yo la creo.

Cuando declaramos las cosas que no son, como si ya fueran, ¡Dios lo hace! Cuando confiamos en Él con todo nuestro ser, la Señora Preocupación y la Señora Angustia se tienen que ir buscando a quien visitar, pero en nuestras casas, ya no son bienvenidas.

No podemos como cristianos alojarlas más. Tenemos que confiar más y preocuparnos menos.

Las mujeres, específicamente nos preocupamos por tantas cosas. Nos preocupamos por los maridos, por los hijos, por los trabajos. Por la comida que vamos a cocinar, por la ropa que nos vamos a poner, por los zapatos que nos vamos a combinar, por el estilo de pelo que nos vamos a hacer. Nos preocupamos demasiado. ¡Hagámosle caso a Jesús! En los primeros versos que mencionamos, nos dijo claramente que <u>No</u> nos preocupemos por la comida que vamos a comer, ni por la ropa que vamos a vestir.

Perdemos también mucho tiempo pensando en el futuro. No bien acaban nuestros hijos la escuela elemental, cuando ya nos angustia pensar en la carrera universitaria que les queremos brindar. Jesús dijo muy claro: "No se angustien por el mañana. Cada día ya tiene suficientes problemas."

Solo hay una cosa por la que verdaderamente te debes preocupar, y es por serle fiel a Dios mientras vivas. Preocúpate de vivir en comunión con Él. Preocúpate de estudiar su Palabra, de orar, de ayudar a otros, de ser un buen ser humano. Preocúpate de ser agradable delante de Dios. De guardar testimonio. De ser luz y sal a este mundo. Preocúpate por encomendar al Señor tus afanes; y Él te sostendrá (Salmo 55:22 NVI).

Pero lo triste es que ante nuestros afanes, confiamos más en el sicólogo o en el consejero matrimonial que en Dios. Confiamos más en nuestra propia capacidad para resolver los problemas, y al final terminamos tomando acciones que desagradan a Dios.

Veamos el ejemplo de Asá en 2 de Crónicas 16 (NVI): Asá era rey de Judá. El rey de Israel marchó contra él. Así que Asá le pagó al rey de Siria para que se aliara con él y le ayudara a combatir a su enemigo. Un vidente enviado por Dios se presentó ante Asá y le dijo: "Por cuanto pusiste tu confianza en el rey de Siria en vez de confiar en el Señor tu Dios, el ejército sirio se te ha escapado de las manos." (verso 7)

En una ocasión previa a esa, Asá se había visto en una situación parecida y había clamado a Dios. Por lo tanto, el Señor lo ayudó, pues había confiado en Él. Pero en esta ocasión no confió en Dios, sino que puso su confianza en hacer alianza con este otro rey. Así que Dios se desagradó de él.

Estas fueron las palabras del vidente: "También los cusitas y los libios formaban un ejército numeroso, y tenían muchos carros de combate y caballos, y sin embargo el Señor los entregó en tus manos, porque en esa ocasión tú confiaste en Él. El Señor recorre con su mirada toda la tierra, y está listo para ayudar a quienes le son fieles. Pero de ahora en adelante tendrás guerras, pues actuaste como un necio." (versos 8-9)

No cabe duda que ante las preocupaciones, tenemos que confiar en Dios y en ninguna otra cosa. Las tácticas, estrategias o procedimientos, fallan, mas el Señor no le falla a aquellos que confían en Él. Dios obra en favor de aquellos que le son fieles. Pero muchas veces actuamos como necios, igual que Asá.

Mira si fue necio, que el pobre no aprendió la lección. Luego de eso se enfermó de los pies, y el muy testarudo, en vez de acudir a Dios, volvió a confiar en el hombre, esta vez en los médicos.

Este fue su final: En el año treinta y nueve de su reinado, Asá se enfermó de los pies; y aunque su enfermedad era grave, no buscó al Señor, sino que recurrió a los médicos. En el año cuarenta y uno de su reinado, Asá murió y fue sepultado con sus antepasados (2 Crónicas 16:12-13 NVI).

¡Ay! Dios le había dado muestras de su poder cuando confió en Él. Pero en vez de permanecer confiando, se desenfocó. Sus preocupaciones lo llevaron a confiar en aquellos que no eran capaces de sacarlo del problema. Estoy segura que Dios lo habría sanado, si hubiera confiado en Él.

¿Qué de ti? ¿Confías en Dios? ¿O eres del club de los angustiados que se ciegan ante sus circunstancias difíciles?

Jesús volvió a hablar acerca de la angustia en Juan 14:1: "No se angustien. Confíen en Dios, y confíen también en mí."

Más abajo, al final de ese mismo capítulo, volvió a repetir: "La paz les dejo; mi paz les doy. Yo no se la doy a ustedes como la da el mundo. No se angustien ni se acobarden." (verso 27)

El mensaje está claro: ¡Deja de angustiarte!

La Biblia habla sobre este tema en varias porciones. Pablo habló sobre esto, Pedro también. Aquí algunas de ellas:

No se preocupen por nada; en cambio, oren por todo. Díganle a Dios lo que necesitan y denle gracias por todo lo que Él ha hecho. Así experimentarán la paz de Dios, que supera todo lo que podemos entender. La paz de Dios cuidará su corazón y su mente mientras vivan en Cristo Jesús (Filipenses 4:6-7 NTV).

Pongan todas sus preocupaciones y ansiedades en las manos de Dios, porque Él cuida de ustedes (1 Pedro 5:7 NTV).

¿Qué te preocupa en estos momentos? ¿Qué te quita el sueño? ¿Qué es eso que te provoca angustia? ¿Será algo tan grande que Dios no pueda resolver?

Seguramente, tú no lo puedes resolver. Pero te garantizo que Dios tiene toda la capacidad, toda la sabiduría y todo el poder para solucionar esa difícil situación.

Me fascina la canción de Marcos Brunet que dice: Entrego en la cruz toda ansiedad. Sé que estás cuidando de mí. Confío en ti Jesús cada día más. Sé que estás cuidando de mí, Papá. Pero cantarlo es fácil. Vivirlo es otra cosa.

¿Por qué no le rindes a Jesús tus preocupaciones, ahora? ¿Por qué no le entregas tus ansiedades y confías en Él de todo corazón?

Pon tu vida en sus manos, <u>confía plenamente en Él, y Él actuará en tu favor</u> (Salmos 37:5 TLA).

Ora conmigo en este momento: Señor, decido soltar ahora todas mis preocupaciones y todas mis angustias. Tú las conoces. Las deposito ante ti. Sé que no hay nada que yo pueda hacer para cambiar mis situaciones. Pero Tú eres capaz de transformarlas todas. Confío en ti, Jesús. Hoy y cada día confiaré en ti porque eres Soberano y estás en control de todas las cosas. Dame paz en medio de mis circunstancias. Esa paz que eres Tú. Lléname de ti y ayúdame a acercarme a tu presencia confiadamente, sabiendo que Tú sabrás qué hacer con todos los problemas que me rodean. Yo te creo Dios. Líbrame de todas mis angustias. En el nombre de Jesús. Amén.

Capítulo 13: Perseverando en medio de las dificultades

Algunas personas piensan que al venir a los pies de Cristo, todos los problemas se solucionarán. De hecho, algunas personas se entregan a Cristo, con el único propósito de que Él resuelva sus problemas. Y si eres uno de los que está bajo esa noción, lamento decirte que estás equivocado.

Dios no es el genio de la lámpara de Aladino, al cual le pides y Él concede tus antojos. Cuando te conviertes en su hijo, claro que le puedes pedir y claro que Él se va a ocupar de ayudarte en tus situaciones. Pero eso no significa que tus situaciones desaparecerán como por arte de magia.

La promesa de Dios es que Él va a estar contigo para ayudarte a conquistar tus problemas. Lo dice así en el libro de Isaías.

"Aunque tengas graves problemas, yo siempre estaré contigo; cruzarás ríos y no te ahogarás, caminarás en el fuego y no te quemarás porque yo soy tu Dios y te pondré a salvo. Yo soy el Dios santo de Israel. Yo te amo; tú vales mucho para mí." (Isaías 43:2-4 TLA)

Su promesa es que en medio de tus graves problemas, Él no te dejará y te pondrá a salvo, porque te ama.

La vida está llena de complicaciones, y el ser su hijo no te exime de confrontarlas. Pero en esas complicaciones, Él estará contigo para ayudarte a vencer.

El día en que fue realizada mi ultima cirugía, estando ya en sala de pre-operaciones, lista y esperando a que llegara el anestesiólogo, comencé a sentirme nerviosa. La angustia se asomó. Te hablé acerca de eso en el capítulo anterior. En aquella camilla, cerré los ojos y mientras bajaban lágrimas por mi rostro, oré. Le dije al Señor: "No entiendo por qué me permitiste llegar hasta aquí otra vez, pero ayúdame. No me dejes, por favor. Te necesito. Hazme saber que estás aquí conmigo."

En ese momento, ya mi esposo tenía que salir, pero antes, se me acercó al oído y me dijo: "Así dice el Señor: No temas, porque yo estoy contigo. No te angusties, porque yo soy tu Dios. Te fortaleceré y te ayudaré. Te sostendré con mi diestra victoriosa."

¡Bendito sea el Señor! Le dio a mi esposo la Palabra de Isaías 41:10 que necesitaba escuchar en ese instante. De inmediato sentí una paz increíble que se apoderó de mí. Percibí su presencia y la de una multitud de ángeles a mi alrededor. Al llegar el anestesiólogo, le dije: "Las veces anteriores, ha sido una pesadilla cuando he despertado de la anestesia, pues cuando abro mis ojos me encuentro temblando como si me estuviera dando un ataque." Y él, muy atento, pasó su mano sobre mi cabeza y me dijo: "Gracias por decírmelo. Me aseguraré de que esta vez, no suceda." Después de eso, no supe nada más. Horas más tarde, abrí mis ojos, y mi cuerpo despertó tan sereno como aquel mar cuando Jesús calmó la tormenta.

¿Ves? Los problemas no dejan de estar ahí cuando le servimos al Señor, pero a través de ellos, Dios manifiesta su poder. Cuando cruzas por ellos te das cuenta, cuán impotente eres tú y cuán potente es Dios.

Pablo padecía de una condición desconocida. Era un padecimiento físico en su cuerpo. En la TLA, el apóstol lo describe así: "….padezco de algo muy grave. Es como si Satanás me clavara una espina en el cuerpo para hacerme sufrir. Tres veces le he pedido a Dios que me quite este sufrimiento, pero Dios me ha contestado: «Mi amor es todo lo que necesitas. Mi poder se muestra en la debilidad.» Por eso, prefiero sentirme orgulloso de mi debilidad, para que el poder de Cristo se muestre en mí. Me alegro de ser débil, y de tener necesidades y dificultades por ser fiel a Cristo. Pues lo que me hace fuerte es reconocer que soy débil." (2 de Corintios 12:7-10)

Dios no sanó a Pablo. Él pudo haber hecho desaparecer esa condición, pero no lo hizo. Dios en su voluntad permisible dejó que Pablo confrontara esa dificultad. Pero no lo dejó solo con su problema, sino que se manifestó en su problema. El poder de Cristo se mostraba en él cuando confrontaba la crisis.

En mi vida pude percatarme que Dios no me sanó como yo hubiera querido. Dios me permitió pasar por la dificultad de salud para mostrarme que estaba conmigo en cada paso del camino. Y en medio de mi situación, nunca me dejó y me extendió la mano para ayudarme a poner de pie nuevamente. Hoy estoy bien segura de que si no hubiera pasado por este proceso, no habría aprendido a aferrarme tanto a Él. Mi dependencia de Dios creció tanto, que mientras sanaba, Dios me compensaba con dones que jamás imaginé que tendría. Si no hubiera sido por mi aguijón, no hubiera sido posible contarte mi testimonio a través de mis libros.

Hubo poder manifestado por medio del aguijón de Pablo. Hubo poder manifestado por medio de mi aguijón. No le pidas a Dios que quite tu aguijón. Pídele que se glorifique a través de tu aguijón. Él sabe perfectamente bien lo que está haciendo.

Estás pasando por dificultades porque si todo estuviera bien, tal vez ni verías a Dios. Pero al pasar por el valle tenebroso, te percatas que su presencia se manifiesta a tu lado para infundirte aliento (Salmo 23:4).

Si nunca has estado en cautiverio, nunca valorarás la libertad. Si nunca has vivido la enfermedad, nunca experimentarás la sanidad. Si nunca has pasado por escasez, nunca apreciarás la abundancia. En medio de todo, Dios promete estar contigo. Por eso tienes que vivir momentos difíciles; para que cuando te veas envuelto en ellos, puedas ver a Dios resolviendo lo que tú no puedes resolver.

Si nunca confrontáramos problemas, no tendríamos la necesidad de acudir a Dios. Sé que suena fuerte, pero es la realidad. Si todo lo pudieras resolver con tus facultades, ¿crees entonces que te haría falta la ayuda de Dios? ¡Claro que no! De ser así, no dependerías de Él, dependerías solo de ti mismo. Por eso Pablo decía en la porción que acabamos de leer que el poder de Dios se muestra en la debilidad.

Pero obvio que a nadie le gusta padecer debilidades ni pasar por dificultades. No obstante, al pasar por ellas, hay gran probabilidad de que aumente nuestra fe y se desarrolle nuestra constancia.

Santiago 1:2-4 lo dice así: "Amados hermanos, cuando tengan que enfrentar cualquier tipo de problemas, considérenlo como un tiempo para alegrarse mucho porque ustedes saben que, <u>siempre que se pone a prueba la fe, la constancia tiene una oportunidad para desarrollarse</u>. Así que dejen que crezca, pues una vez que su constancia se haya desarrollado plenamente, serán perfectos y completos, y no les faltará nada." (Santiago 1:2-4 NTV)

Parecería inconcebible alegrarnos en los problemas. Pero es lo que se nos exhorta a hacer en este pasaje, ya que al final del proceso lograremos estar completos, y nada nos faltará.

Así es que Dios tiene propósito en medio de tus problemas. Al final lo entenderás. Solo agárrate de Él más que nunca. Aférrate a la fe y espera que Dios haga lo que va a hacer.

Es cierto que las situaciones difíciles nos agobian, pero ante ellas, mira en dos direcciones. Primero, mira hacia arriba. Recuerda que tu socorro viene de Jehová. Y segundo, mira hacia el lado. Así te percatarás que lo que estás viviendo no es nada, en comparación con lo que están viviendo otros. A veces es beneficioso mirar hacia el lado con el propósito de poder ver qué mucho dolor y sufrimiento han tenido que experimentar algunos. Dificultades a otro nivel. Situaciones que comparadas a las nuestras, sí son una verdadera tragedia. Pero al contemplarnos a nosotros mismos, nos victimizamos y creemos que somos los más sufridos.
En mi caso, me afligía al pensar en mi condición. Pensaba: "Esto es mucho para mí. Cuatro cirugías en los pasados cuatro años. Siento que ya no puedo más." Hasta que, reflexionando, el Señor me hizo acordarme de aquella concursante que había visto en el show, Américas Got Talent.

Esta pobre muchacha llamada Kechi Okwuchi viajaba en avión en el año 2005 cuando un fatal accidente aéreo cobró la vida de 107 pasajeros. Solo ella y una persona más sobrevivieron. ¡Pero en qué condiciones sobrevivió la chica! Con solo 16 años de edad, quedó con un 65% de su cuerpo quemado y su rostro desfigurado. En aquel hospital, en estado crítico y vendada de pies a cabeza, sobrevivió los siguientes años a más de cien cirugías, las cuales la ayudaron a mejorar, pero jamás a volver a verse igual. Aún así, sus temores y complejos no la detuvieron. Estudió y se graduó de la universidad en el año 2015, siendo reconocida como la estudiante más sobresaliente de su carrera. En el año 2017 decidió exponer su precioso talento de cantar y llegó al show AGT, mostrándose al mundo entero tal y como era. Sus discapacidades físicas con las cuales tuvo que aprender a vivir, no la limitaron en sus decisiones. Se determinó a luchar y a triunfar, sin importar las dificultades que siguió enfrentando cada día.

Al contemplar su historia, me percato que lo mío no ha sido nada en comparación a lo de ella. ¡Cien cirugías, no puedo ni imaginarlo! Pero Dios la sostuvo de la mano para ayudarla a levantar. Ella pudo haber decidido no levantarse, pero se asió de la mano del Señor, y se levantó.

Independientemente de cuán moderadas o severas sean las dificultades que confrontemos, somos nosotros mismos quienes decidimos cómo reaccionaremos ante ellas. Nosotros determinamos si nos quedamos paralizados y nos damos por vencidos, o nos ponemos de pie y continuamos luchando en esta vida.

Dice el Salmo 37:23-24 (NTV): El Señor dirige los pasos de los justos; se deleita en cada detalle de su vida. Aunque tropiecen, nunca caerán, <u>porque el Señor los sostiene de la mano</u>.

Dios no va a hacer desaparecer los tropiezos del camino, pero cuando se presenten, te tomará de la mano para ayudarte a que puedas seguir caminado.

Él te va a rescatar y será tu fortaleza en tiempos de dificultad (Salmo 37:39).

Verdaderamente no he visto en la Biblia a alguien, a parte de Jesús que confrontara tantas dificultades en la vida, como Pablo. Sé que hemos hablado bastante de él en este libro, y sé que todos los héroes de la fe confrontaron dificultades, pero Pablo, ¡wow! En mi opinión, se ganó el "Premio Nobel" de los problemas.

Él mismo describe parte de sus experiencias en 2 de Corintios 11:23-27 (NVI):

"He trabajado más arduamente, he sido encarcelado más veces, he recibido los azotes más severos, he estado en peligro de muerte repetidas veces. Cinco veces recibí de los judíos los treinta y nueve azotes. Tres veces me golpearon con varas, una vez me apedrearon, tres veces naufragué, y pasé un día y una noche como náufrago en alta mar. Mi vida ha sido un continuo ir y venir de un sitio a otro; en peligros de ríos, peligros de bandidos, peligros de parte de mis compatriotas, peligros a manos de los gentiles, peligros en la ciudad, peligros en el campo, peligros en el mar y peligros de parte de falsos hermanos. He pasado muchos trabajos y fatigas, y muchas veces me he quedado sin dormir; he sufrido hambre y sed, y muchas veces me he quedado en ayunas; he sufrido frío y desnudez."

Por situaciones como estas es que te decía anteriormente que es bueno mirar hacia el lado, para poder ver que el dolor ajeno, a veces es más severo que el nuestro. ¡Mira a Pablo! No dudo que las situaciones que has vivido han sido desesperantes, pero no más que las del apóstol. No creo que puedas decir que has recibido 39 azotes en 5 ocasiones. No creo que hayas estado en la cárcel varias veces, ni que te hayan apedreado, ni que hayas naufragado en tres ocasiones, ni que muchas veces hayas sufrido hambre, sed, frío y desnudez.

¡Auch, pobre hombre! Había pasado el Niágara en bicicleta, como dice la canción. (Aclaro que la expresión "Niágara en bicicleta" es utilizada por nuestros hermanos dominicanos para referirse a situaciones dificultosas que nos dan una fuerte lucha).

Allí se encontraba Pablo testificando acerca de sus grandes luchas. Va más allá acerca de este tema de las dificultades, y en 2 de Corintios 4:8-9 NTV, nos dice así:

"Por todos lados <u>nos presionan las dificultades, pero no nos aplastan</u>. Estamos perplejos pero no caemos en la desesperación. Somos perseguidos pero <u>nunca abandonados por Dios</u>. Somos <u>derribados, pero no destruidos</u>."

La percepción que tenía él acerca de las dificultades era que ellas nos causan presión y perplejidad. Incluso reconoce que en ocasiones hasta nos derriban, pero no nos destruyen porque Dios no nos abandona. En otras palabras, Pablo nos dice en este pasaje que no debemos caer en desespero cuando confrontamos dificultades, sino que debemos tener la seguridad de que Dios no nos va a dejar solos en medio de ellas.

¿Verdad que si nuestros hijos confrontan situaciones difíciles, estaremos ahí para ayudarles? ¡Cuánto más nuestro Padre estará ahí para nosotros! No nos dejará solos. Eso no hay que dudarlo. Entonces, ¿por qué desesperarnos?

Pablo vuelve y nos da palabra de aliento más abajo en los versos 17-18:

"Pues <u>nuestras dificultades actuales son pequeñas y no durarán mucho tiempo</u>. Sin embargo, ¡nos producen una gloria que durará para siempre y que es de mucho más peso que las dificultades! Así que <u>no miramos las dificultades que ahora vemos</u>; en cambio, fijamos nuestra vista en cosas que no pueden verse. Pues las cosas que ahora podemos ver pronto se habrán ido, pero las cosas que no podemos ver permanecerán para siempre."

¡Esa es la actitud de un campeón! Esa es la actitud que todos deberíamos asumir ante las dificultades. Como creyentes, deberíamos repetirnos: "Estas dificultades no durarán mucho tiempo." "Estas situaciones que ahora confronto, pronto se habrán ido, y me espera una bendición eterna que Dios tiene preparada para mí." ¡Aleluya!

Es normal que la carne se aflija cuando pasamos por momentos difíciles. Es algo común del ser humano sentirse agobiado. Pero no podemos permitir que esos problemas nos lleven al abismo del desespero. ¡No podemos darnos por vencidos! Tenemos que levantarnos a luchar, sabiendo que el Dios Omnipotente está a nuestro lado para ayudarnos. Por lo tanto, ¡persevera! ¡No te quites! ¡Sigue creyendo!

Cuando el diablo te quiera hacer creer que Dios se ha olvidado de ti y te ha dejado solo en medio de tus situaciones, cítale estos Salmos:

Dios es nuestro refugio y nuestra fuerza; siempre está dispuesto a ayudar en tiempos de dificultad.
(Salmos 46:1 NTV)

Él me ocultará cuando vengan dificultades. Me pondrá en una roca alta donde nadie me alcanzará.
(Salmos 27:5 NTV)

Pidámosle al Señor que nos ayude a perseverar en medio de toda dificultad:

Padre santo y bueno, vengo a ti con mis dificultades porque sé que las conoces todas. Perdóname por dudar de tu presencia cuando se levantan los problemas. Ayúdame a ser valiente como Pablo para que pueda seguir luchando. Dame de tu fortaleza para poder sobre vencer ante cualquier situación difícil. Por favor, muéstrame qué debo hacer. Necesito que me des dirección para poder seguir. Dame tu protección y extiéndeme tu mano para levantarme y pelear esta batalla. Te pido que no quites del camino los estorbos que pueda encontrar, pues sé que a través de ellos revelarás tu majestad. Mejor dame la sabiduría para ser capaz de manejarlos y salir victorioso al final de esta jornada. Te lo pido, en el nombre de Jesús. Amén.

Capítulo 14: Orando y Ayunando, Aprendiendo y Sirviendo

Estos cuatro elementos juntos son la combinación perfecta para la prosperidad genuina del creyente. Si como cristiano aprendes a implementar estas cuatro herramientas y las llevas a tu práctica diaria, serás resistente y alcanzarás firmeza en tu vida espiritual.

La Oración:

¡Cuán potente es el arma de la oración, y cuán subestimada está! ¡Qué muchos beneficios recibimos cuando oramos, y qué poco recurrimos a hacerlo.

Cuando descubrimos una herramienta que realmente nos ayuda, luego no podemos prescindir de ella. Cuando nos percatamos que la misma, nos simplifica la vida y su resultado es exactamente lo que necesitamos, nos acostumbramos, y después no nos puede faltar.

Recién mudada a Carolina del Norte asistí a un yard sale. Anteriormente no sabía lo que era eso, pues en mi país no se acostumbra a hacer este tipo de ventas. ¡Quedé impresionada con la cantidad de cosas que habían allí! Ese día fijé mi atención en una plancha para hacer sándwiches. Era marca General Electric y se veía como nueva. Le pregunté a la muchacha y me dijo que nunca la había usado y que la vendía por 7.00 dólares. Los que conocen de cerca a mi esposo, saben que él es bien negociante. Así que le ofreció a la muchacha 3.00 dólares por la sandwichera, y ella aceptó. ¡Wow! ¡Hicimos la compra del siglo! Los mejores sándwiches han sido hechos por mí en esa panini.

La amé desde el momento que la comencé a usar. Ya llevo 8 años con ella. Pero recientemente se me rompió. Me puse muy triste cuando esto sucedió. Le pedí al Señor que me diera su favor para conseguir otra igual, y un sábado salí de shopping. Corrí todas las tiendas por departamento en mi ciudad, y la máquina, no apareció. La buscamos por internet y descubrimos que ya la compañía no la fabricaba. ¡Ahora sí que estaba melancólica! No estaba lista para desprenderme de ella. Por lo tanto, se la di a un amigo para que la chequeara a ver si tenía arreglo. Efectivamente, mi amigo la pudo arreglar, y la sandwichera permanece en casa hasta el día de hoy. La uso casi a diario para hacer tostadas, quesadillas, sándwiches y hamburguesas.

El día que no la conseguí pensé que Dios no me había dado su favor en encontrar otra. Pero era todo lo contrario. Dios había respondido mi oración, más allá de lo que yo pensaba. Como Él ya sabía que la máquina tendría reparación, no me permitió comprar otra. Evidentemente sí respondió a mi oración, pero no como se lo pedí, sino de una manera mejor.

Dos cosas te quiero enseñar a través de mi historia:

#1. Cuando alguna herramienta nos facilita la vida y su producto nos satisface, recurrimos a ella, con tal de adquirir el resultado que nos proporciona.

#2. Nuestras oraciones son respondidas por Dios, a su manera y no a la nuestra.

Así como mi panini me brinda un producto delicioso, también la oración es el mejor mecanismo para lograr una vida deliciosa en Dios. Es a través de ella que adquieres resultados maravillosos, no solo para tu vida, sino también para la vida de los demás. Utilizando el instrumento de la oración, tu vida será transformada cada día. El producto adquirido a consecuencia de la oración será una relación más íntima con el Señor. No podemos decir que conocemos a Dios si no nos comunicamos con Él. La oración es ese medio de comunicación que hace posible el contacto diario entre tú y Dios.

Pero como dijimos en el punto #2, no podemos pretender que la oración se convierta para nosotros en la gallinita de los huevos de oro. La oración no es meramente para pedir, sino para platicar y para agradecer. Claro que a través de la oración pedimos en base a nuestra necesidad, pero esto no significa que el Señor nos dará todo exactamente como se lo pedimos. Él determinará si serán contestadas nuestras peticiones, de qué manera, y en qué tiempo. Y porque Él sabe más, su manera, siempre será la mejor.

El Señor promete responder a nuestras oraciones, pero en su momento. Leemos en Jeremías 33:3: "Clama a mí y te responderé." Dice, te responderé. ¿Cuándo? ¿Ahora? ¡No! Si Él siempre respondiera ahora, el verso diría: Clama a mí y te respondo. Pero no dice, respondo, dice responderé. ¿Cuándo? Cuando Él sepa que es el momento oportuno para entregarte eso por lo que estás pidiendo.

Muchas veces nos toca esperar un largo tiempo en lo que vemos respuesta a nuestras oraciones, pero en otras ocasiones, Dios responde de manera rápida.

Leí el testimonio de un hombre llamado Ajay Gohil. El mismo contrajo una enfermedad crónica de la piel conocida como psoriasis eritrodérmica a la edad de 21 años. A causa de su condición, bajó drásticamente de peso y cayó en una cama de hospital. Su esposa y su hijo lo abandonaron. Se quedó sin amigos, y su cuerpo entero fue cubierto por esta enfermedad. Allí agonizando en el hospital, oró y clamó a Dios. Le pidió sanidad y leyó el Salmo 38 de David:

"Yo, Señor, espero en ti; Tú, Señor y Dios mío, serás quien responda."

"Señor, no me abandones; Dios mío, no te alejes de mí. Señor de mi salvación, ¡ven pronto en mi ayuda!" (versos 15,21,22 NVI).

Dice su historia que luego de orar, se quedó dormido. Y sorprendentemente al otro día, amaneció sano. Su piel había sido restaurada por completo. ¡Ese es el Dios de maravillas al que le servimos! Solo nos toca orar y esperar por su respuesta. Tal vez la recibamos prontamente como lo experimentó esta persona, o quizás nos toque esperar un poco de tiempo. Pero, ¡sigue orando y sigue esperando! Deja que Dios responda a su tiempo.

Solo practica la oración. Esa es nuestra mejor arma. Es nuestra mejor herramienta para alcanzar grandes cosas. Ora, comunícate con Dios todos los días. No añores conocer los secretos de tu Padre, si ni siquiera hablas con Él. No pretendas que Él conteste las peticiones de tu corazón, si no le abres tu corazón. La relación íntima con Dios la fomentas tú cuando te acercas a Él cada día en oración y lo buscas, no solo porque necesitas, sino porque lo amas.

El consejo de Pablo en cuanto a este tema fue el siguiente:

<u>Dedíquense a la oración</u>: perseveren en ella con agradecimiento (Colosenses 4:2 NVI).

El Ayuno:

Es una necesidad del creyente perseverar en la oración. Pero si acompañamos la misma con el ayuno, mucho mejor. Ambas herramientas juntas son la fórmula ideal para ayudarnos a llegar más allá con el Señor.

En la vida hay cosas que deben ir tomadas de la mano para ser mejores. Por ejemplo, el café. Es bueno solo, pero si opinas como yo, combinado con leche, sabe mucho mejor. (¡Auch! este asunto puede ser delicado. No se enojen conmigo los que son fans de tomarlo negro). El punto es que hay cosas que saben ricas por sí solas, pero si se acompañan con el complemento perfecto, saben más ricas. Los nachos saben mejor con queso, y las papitas fritas con ketchup. ¡He dicho! Caso cerrado. Jaja.

Hablando en serio; cuando acompañamos el ayuno a la oración, cosas más poderosas suceden.

El ayuno, es abstenernos de comida o de cualquier otra cosa que pensamos que son indispensables en nuestras vidas, con la intención de concentrarnos en Dios. Es sacar un tiempo para no desenfocarnos con otras cosas, y simplemente dedicarnos al Señor. Por lo regular, el ayuno de alimentos es el más practicado por los creyentes, pero al igual que alimentos, hay muchas otras cosas que también se pueden ayunar. Por ejemplo, si eres fanático de las redes sociales, y te das cuenta que le dedicas demasiado tiempo del día a eso, puedes decidir ayunar el FB, o el TikTok, o el Instagram, o cualquiera de los medios que te quitan el tiempo del Señor. Cada quien examina su condición y determina qué es eso que debe dar por sacrificado por un tiempo. Así se dedica a la oración, al ayuno, a la lectura de la Palabra, etcétera, con tal de acercarse a Dios y mejorar su relación con Él.

El propio Jesús, siendo Dios, ayunó. Y lo hizo para darnos el ejemplo. Lo hizo para fortalecerse, ya que sabía que como humano, llegarían ataques del enemigo a su vida. Y así mismo fue.

Lo vemos en Lucas 4:1-2 (RVR1960): Jesús, lleno del Espíritu Santo, volvió del Jordán, y fue llevado por el Espíritu al desierto por cuarenta días, y era tentado por el diablo. Y no comió nada en aquellos días, pasados los cuales, tuvo hambre.

El mismo Espíritu Santo lo movió a que se retirara al desierto a dedicarse a la oración y al ayuno por 40 días. ¿Con qué propósito? Con el propósito de prepararlo para que pudiera realizar su ministerio público, y con el propósito de fortalecerlo para vencer las tentaciones del diablo.

Cuando decidimos tomarnos un tiempo para apartarnos con Dios en ayuno y oración, somos doblemente fortalecidos. Soy testigo de eso. Lo experimenté recientemente a comienzos de este año. Decidí dedicarle al Señor como mi primicia, toda la primera semana del nuevo año. Me aparté y dediqué ese tiempo a orar y a ayunar. Sentía una gran necesidad de hacerlo. Ya finalizando esa semana, me llamaron de la oficina, pidiéndome que acudiera a la iglesia a atender a alguien que necesitaba hablar conmigo. Cuando pasaron a aquella joven a mi oficina, mi espíritu percibió que la misma venía con unas ataduras del enemigo muy fuertes. Y porque en esos momentos me encontraba espiritualmente fortalecida, Dios me ayudó a poder batallar con el asunto. Sin yo saberlo, ya el Señor me estaba preparando y capacitando para lo que venía.

En ocasiones se presentarán batallas en nuestra vida en las que nos encontraremos sin fuerzas para luchar. Pero cuando dedicamos un tiempo para apartarnos, ayunando y orando a Dios, Él nos empoderará para que podamos pelear esas batallas y salgamos triunfantes sobre ellas.

Jesús triunfó sobre las tentaciones del diablo. También nosotros lo lograremos, por medio del Espíritu Santo que nos fortalece y adiestra nuestras manos para la batalla.

Existen diferentes tipos de ayuno, pero quiero aclararte que el ayuno que realizó Jesús en esos 40 días fue uno personal. Fue algo solo entre Él y su Padre. Este tipo de ayuno es el más común. Es el que hacemos nosotros como individuos y es un acto íntimo entre cada persona y Dios. Pero también existe el ayuno colectivo. Este es uno, en el cual el cuerpo de Cristo se une en común acuerdo para ayunar por situaciones específicas y por determinado tiempo. Es el que se convoca públicamente. Por ejemplo: 7 días de ayuno y oración. El tiempo queda a discreción del pastor o líderes, y luego se lo comunican a los participantes.

Hay varios ejemplos de este tipo de ayuno en la Biblia. El ayuno que decretó la reina Ester es uno de ellos. El mismo fue con el propósito de que Dios protegiera su vida, y tuvo duración de tres días (Ester 4:16). Este ayuno trajo un resultado increíblemente positivo sobre el pueblo.

Vemos también en el libro de Esdras, capítulo 8, versos 21 en adelante que Esdras proclamó un ayuno por protección de Dios durante el viaje que tenían por delante los israelitas hacia Jerusalén.

El verso 23 dice: Así que ayunamos y oramos a nuestro Dios pidiéndole su protección, y Él nos escuchó (NVI).

Dios escucha y responde el clamor de un pueblo que unido ora y ayuna. Así que no pierdas la oportunidad maravillosa de participar de tiempos colectivos de ayuno y oración que programe tu iglesia. Unidos somos más fuertes y logramos mayores cosas. Pero como normalmente, esos tiempos no se hacen con tanta frecuencia, entonces debemos practicar más el ayuno personal, o individual, como prefieras llamarlo.

Sea cual sea el ayuno que practiquemos, lo importante es hacerlo con un corazón alegre y dispuesto delante de Dios. Nuestra actitud al practicarlo debe ser de humildad y sometimiento al Señor, sabiendo que dependemos de Él para recibir el resultado que anhelamos.

En resumidas cuentas, el ayuno es abstenerse. Es refrenarse de cosas que acaparan nuestra atención o que nos gustan tanto que pensamos que sin ellas, no podemos vivir. Por ejemplo, el café. ¡Otra vez el tema del café! No es que tomar café sea malo, pero hay personas que piensan que sin él, no funcionan y el mundo se les viene abajo. En lo personal, he hecho ayunos de café por varios días. Y a pesar de haber batallado un poco al principio, lo he logrado. El chocolate es otra cosa. En el caso mayormente de las mujeres, se vuelve necesario y deseable. De igual manera, la televisión, la computadora o el celular son aparatos que pensamos que son fundamentales para poder sobrevivir el día, si no, nos sentimos miserables.

Pues todo ese tipo de cosas son las que podemos poner en lista para ayunar. Podemos hacer nuestro mayor esfuerzo por sacrificarlas por un tiempito y echarlas a un lado para dedicarnos al ayuno y a la comunión con Dios. Proponte dejar descansar el celular por un rato. ¡No pasa nada! Antes vivíamos sin celulares y nadie se moría por falta de ellos. Disciplínate a que cada vez que tu mente piense que lo tienes que mirar, pondrás tu pensamiento en Dios y orarás a Él. Te garantizo que durante el tiempo determinado del ayuno, verás resultados increíbles y aprenderás a depender más de Dios y a no desperdiciar tanto tiempo en cosas que no son urgentes.

Aprender:

Una de las cosas más importantes durante nuestra existencia, es aprender.

El sábado 5 de septiembre de 1964, salió en Puerto Rico un reportaje en el periódico El Imparcial, titulado, NUNCA ES TARDE PARA APRENDER. En dicho artículo se hablaba de una señora de 32 años de edad que decidió regresar a estudiar para finalizar el cuarto año de escuela superior. Por motivo de haber quedado viuda con tres hijas, la dama tuvo que sostener a sus princesas, vestirlas y enviarlas a la escuela con la ayuda de Dios, según ella misma declaraba. Así que tuvo que sacrificar muchas cosas por ser jefe de familia. Pero cuando ya sus hijas llegaron a la adolescencia, se determinó estudiar, teniendo ya más de 30 años. Su ejecución en la escuela creó un impacto positivo en la comunidad, por lo cual se escribió este reportaje acerca de ella. Al final, el artículo termina diciendo: "Doña Juanita se siente feliz, y está convencida de que con un certificado de escuela superior, la vida le abrirá puertas y le dará por fin la oportunidad que ella necesita."

¡Qué orgullo tan grande sentí al ver este corte de periódico de hace casi 60 años atrás! Doña Juanita Ruiz era mi abuelita, de la cual te hablé en mi primer libro. Esta hermosa dama era tan emprendedora que terminó de estudiar, siendo ya una mujer adulta. Y todo porque, como dice el título del artículo: Nunca es tarde para aprender.

Es una realidad que el ser humano tiene la capacidad de aprender a lo largo de la vida. El aprendizaje no se limita a la etapa de la niñez. Mediante el aprendizaje, adquirimos no solo conocimientos, sino también conductas y valores.

La iglesia ofrece clases constantemente con el objetivo de que todos los feligreses puedan aprender. La iglesia es una entidad que se mantiene educando a las personas, todo el tiempo. A través de clases, a través de prédicas y a través de las actividades que realiza, la iglesia educa al pueblo. Su propósito es lograr que los creyentes maduren en la Palabra.

Pero qué pena cuando los pastores y los maestros de la iglesia se esfuerzan por preparar clases que eduquen a la congregación, y la gente no llega. Ponen excusas y mil pretextos para no asistir. Permíteme decirte que si eres uno de esos que no participa de clases, ni de nada de lo que hace la iglesia en su esfuerzo por enseñarte, el perjudicado eres tú.

La Biblia es tan amplia y tiene tantas enseñanzas poderosas que aprender, pero cuando no dispones tu mente a adquirir conocimiento, el que se quedará estancado serás tú.

Tengo la bendición de llevar 39 años en el evangelio, y al día de hoy, no sé todo acerca de la Biblia. Siempre hay cosas nuevas que aprender. En mi vida he escuchado miles de prédicas y clases, sin embargo no me creo que ya lo sé todo. Cada vez que se hacen retiros, o estudios bíblicos, o se ofrecen clases, ahí estoy presente y alerta para recibir algo nuevo.

Edúcate en las cosas del Señor. Si quieres madurar, si quieres crecer, participa en las actividades educativas que organiza tu iglesia. Toma ventaja de ellas.

Me resulta frustrante cuando en ocasiones se organizan retiros, pagando una cuota mínima y los hermanos no acuden, poniendo de excusa que no tienen dinero. No obstante, los ves en FB que salen a comer, salen de paseo, o de vacaciones en familia. Para eso sí aparece el dinero, pero para invertir en su vida espiritual, no tienen. No invierten en su crecimiento. En cambio, invierten en otro montón de cosas que no tienen tanta validez. Pero si eso deja mucho que decir, cuánto más cuando las clases durante semana son gratis y como quiera, la gente no asiste y se queda envuelta en otros asuntos. Ni de gratis están dispuestos aprender.

El que verdaderamente quiere aprender, se esfuerza y busca la manera. Se presenta con su copa boca arriba para que el Señor deposite en ellos conocimiento nuevo y fresco. Y a esos, Dios los bendice con la sabiduría que proviene de Él. A esos, el Señor capacita y usa de manera especial.

¿Por qué vemos en la iglesia a algunos que crecen como la espuma y a otros que se quedan estancados? ¿Es porque unos son más inteligentes que otros? ¿Es porque Dios tiene sus favoritos? ¡Seguro que no! Esos que han crecido y han llegado a ese nivel es porque se meten con Dios. Profundizan en su relación con Él. Se sumergen en la Palabra. Y además, se envuelven en todo cuanto hace la iglesia. Están metidos en todo, como el arroz y la habichuela (o como las tortillas, si eres mexicano. Jaja). ¡Pegan con todo, ese tipo de hermanos!

Me encanta ver gente así. Los cristianos fieles y comprometidos, aprenden porque aprenden. Aunque académicamente no sean tan inteligentes, algo se les queda. Dios les abre el entendimiento y les permite crecer en conocimiento.

Es tan importante aprender. Es tan esencial adquirir conocimiento. Pero sentado frente al televisor viendo Netflix, no lo vas a hallar. Viendo vídeos de cuanta cosa hay en YouTube por tres horas diarias, no vas a lograr expandir tu crecimiento espiritual. ¡Aléjate de esas cosas! No es que nunca te recrees viendo películas o viendo vídeos. Eso está bien de vez en cuando. No tengo nada en contra de ello. Pero si tu prioridad es el internet, en vez de tu tiempo con Dios, te quedarás siendo un niño de nivel elemental.

La Biblia nos exhorta a que pidamos por entendimiento y a que lo busquemos. Tenemos que aprender a ser intencionales en cuanto a esto. Tenemos que participar de toda enseñanza que ofrezca nuestra iglesia, de la misma manera que participamos de los picnics o días de juegos que en ella se hacen.

He aquí lo que dice la Palabra en Proverbios 2:2-6 NTV: Afina tus oídos a la sabiduría y concéntrate en el entendimiento. <u>Clama por inteligencia y pide entendimiento. Búscalos como si fueran plata</u>, como si fueran tesoros escondidos. Entonces comprenderás lo que significa temer al Señor <u>y obtendrás conocimiento de Dios.</u> ¡Pues el Señor concede sabiduría! De su boca provienen el saber y el entendimiento.

Luego en los versos 9 y 10 dice: Entonces comprenderás lo que es correcto, justo e imparcial y encontrarás el buen camino que debes seguir. Pues <u>la sabiduría entrará en tu corazón, y el conocimiento te llenará de alegría.</u>

En conclusión: Cuando busques el conocimiento, y la sabiduría entre a tu corazón, te convertirás en una persona alegre y satisfecha. ¡Ya lo verás!

Servir:

Una vez desarrollas una relación con tu Padre, y llevas una vida de oración, y te educas en la Palabra, es hora de servir.

No es que vas a tener que completar un bachillerato en Educación Bíblica antes de poder servir. Pero sí, por lo menos debes haber tomado las clases que ofrece la iglesia y que te aportan conocimiento básico para equiparte con las herramientas que necesitas a la hora de servir.

Si la manera en que otros te sirvieron a ti, fue de bendición para tu desarrollo, ahora es tiempo de que sirvas tú a otros, para su desarrollo. Esta es la mentalidad que debes asumir: Fui desarrollado, para ahora desarrollar. Fui servido, para ahora servir.

El mejor ejemplo de servicio lo encontramos en la persona de nuestro Señor Jesucristo. Su mayor propósito fue servir. En Mateo 20:28 de la versión RVC dice así:

Imiten al Hijo del Hombre, que no vino para ser servido, sino para servir y para dar su vida en rescate por muchos.

Me llama mucho la atención que solo en esta versión, el versículo comienza con la palabra: Imiten.

Si Jesús vino a servir, imítalo y sirve tú. No esperes que otros te sirvan a ti, sirve tú a otros.

No hay limitaciones a la hora de servir. Siempre hay algo que se puede hacer. Había un corito que se cantaba en la iglesia cuando yo era pequeña, que decía: "Yo le alabo de corazón, yo le alabo con mi voz. Y si me falta la voz, yo le alabo con las manos, y si me faltan las manos, yo le alabo con los pies. Y si me faltan los pies, yo le alabo con el alma, y si me faltara el alma es que ya me fui con Él."

Alabamos al Señor con nuestra vida y alabamos al Señor con nuestro servicio a Él. Si te falta la vista, pero tienes voz, puedes hacer llamadas y hablar con las personas por teléfono invitándolas para la iglesia. Si te falta la voz, pero sabes comunicarte a través de lenguaje de señas, puedes reunir un pequeño grupo y enseñarles este tipo de comunicación. Tal vez ese sea el comienzo de un ministerio de lenguaje de señas en la iglesia. Si estás en silla de ruedas, pero tienes voz y eres simpático, puedes estar en la puerta los domingos, dándole la bienvenida a las personas, y diciéndoles: "¡Prepárate, Prepárate, Prepárate!"

Siempre hay alguna manera en la que se puede servir. Son importantes los que enseñan, pero no todos tienen don para enseñar. Y si tú eres uno de ellos que quisiera enseñar, pero sabes que te tiemblan las manos, las piernas y la voz, no te empeñes sólo en eso. Tal vez esa no sea tu área, pero Dios tiene otra área para ti donde puedes desarrollarte como servidor. Quizás no sepas cantar, ni agarrar un micrófono y mucho menos pararte frente a un público, pero estoy segura que algo Dios te dio. Busca qué es. Dios repartió dones a sus hijos y de seguro te tocó por lo menos uno. Pídele al Señor que te muestre cuál es y desarróllalo para su gloria. Tal vez limpias tu casa y la tienes resplandeciente como un espejo porque te apasiona la limpieza y el orden. Entonces usa eso para servir en la iglesia, y mantén la casa de Papá tan bella como mantienes la tuya. Quizás tienes un talento increíble para cocinar, pues sirve en la cafetería. Y si en tu iglesia no hay cafetería, de seguro se hacen por lo menos cuatro actividades al año que envuelven comida. ¡Cocina! A veces la iglesia se ve en la obligación de contratar comidas y pagarlas a un alto costo, porque no aparecen los voluntarios para cocinar.

Es penoso, pero a la hora de servir, aparecen mil obstáculos. "Es que yo trabajo." "Es que tengo el nene enfermo." "Es que no tengo transportación." Sé que en ocasiones hay situaciones justificables por las cuales no se puede. ¡Si no se puede, no se puede! Tranquilo, está bien. No te preocupes. Dios sabe que no se puede en esa ocasión. Pero muchas veces, sí se puede, si hacemos el esfuerzo. Lo que pasa es que decimos que no se puede, cuando la realidad es que no queremos hacer el esfuerzo.

Hay una persona que llevo tan dentro de mi corazón. A veces cuando me aflojo y me pongo ñoña, pienso en ella y se me quitan los pesares. En todos mis años en el ministerio, creo que nadie ha inspirado mi vida, tanto como ella. Se trata de la hermana Carolina Gómez. Ella sí tenía el derecho de presentar todas las excusas. Entre ellas, estoy enferma y no tengo transportación. Pero esa hermana no conocía los límites. Aún padeciendo de cáncer y estando en tratamiento de quimioterapias, siempre se las ingeniaba para aparecer en todo. Le encantaba servir y limpiar el Templo del Señor. Así que se esforzaba por hacer su trabajo. Siempre daba la milla extra, y sin quejarse, con una sonrisa a flor de labios. Podía sentirse morir por dentro, pero allí estaba ella. Comprometida con Dios al máximo. Recuerdo que en una ocasión no tenía transportación para llegar a la iglesia y aun con su enfermedad, agarró una bicicleta, y sin decirle nada a nadie, llegó a limpiar. Toda cansada, adolorida y empapada de sudor, a causa del largo camino que había pedaleado para llegar a la iglesia. Por los años 2016 y 2017 cuando abrimos una congregación en Charlotte, el pastor dijo en una reunión que se buscaban voluntarios que quisieran formar parte de esta obra los sábados por la noche. Al final de la reunión, Caro se me acercó y me dijo: "Pastora, yo quiero servir en Charlotte." Le dije: "Pero amada, pienso que eso sería mucho para ti. Permanece sirviendo en Hickory nada más. Con eso es más que suficiente." Y me dijo: "Mientras tenga vida, le serviré a mi Señor hasta que ya no pueda más." No pude convencerla para que cambiara de opinión. Así que cada sábado, por los siguientes dos años, la hermana se subía en la van de la iglesia y llegaba a Charlotte a servir. ¡Ah!, y los domingos, servía también en la iglesia local de Hickory. Tuve la gran bendición de conocerla muy de cerca, y la noche antes de partir, estuve al lado de ella en su lecho. Esa noche cuando le pregunté: "Carolina, ¿estás preparada?" Me dijo muy convencida: "Sí." En ese momento, hicimos la oración de entrega en las manos de Dios, y al otro día, mi amada hermana se fue a morar con el Señor. Cada vez que la recuerdo, pienso en el gran ejemplo que nos dejó. Una servidora fiel hasta su muerte.

¡Cómo me gustaría ver servidores con ese tipo de entrega! ¡Cómo me encantaría a mí, ser como esta hermana! No conocer los límites. No tener reservas ni condiciones. Es fácil cantar la canción: "Yo lo haré, te obedeceré. Sin reservas ni condiciones te serviré." Pero cuando nos toca servir, sí tenemos reservas, y sí, ponemos las condiciones.

En un momento dado, Josué le dice al pueblo:

"Asegúrense de obedecer todos los mandatos y las instrucciones que Moisés les dio. Amen al Señor su Dios, anden en todos sus caminos, obedezcan sus mandatos, aférrense a Él y <u>sírvanlo con todo el corazón y con toda el alma</u>." (Josué 22:5 NTV)

Habían cinco cosas bien importantes que hacer:

1. Amar a Dios.
2. Andar en sus caminos.
3. Obedecer sus mandatos.
4. Aferrarse a Él.
5. Servirle <u>con todo el corazón</u> y <u>con toda el alma</u>.

De todas las instrucciones que debían seguir, la de servirle es la única que abunda en cómo hacerlo. Porque el servicio a Dios no podía ser mediocre. Dios era y sigue siendo digno de ser servido con calidad y excelencia. Con todo el corazón y con toda el alma.

¿Sirves tú al Señor de esta manera? ¿O lo haces con quejas y a medias?

Debemos servir al Señor <u>con diligencia</u> y <u>con fervor</u>. (Romanos 12:11 NVI)

En la versión NTV dice que sirvamos <u>con entusiasmo</u> y que trabajemos <u>con esmero</u>.

Se cuenta que una vez, un pastor estaba buscando tres hermanos voluntarios que quisieran embellecer todas las áreas verdes del frente de la iglesia que daban hacia la carretera principal. Tres hombres aparecieron y se anotaron en la lista. Quedaron en que al siguiente sábado, harían el trabajo entre los tres. El día sábado llegó y comenzaron sus funciones. Desafortunadamente no todos comparecieron. Pero los dos que se presentaron, decidieron hacer su parte. Frente a la carretera donde estaba la iglesia vivía un señor que desde su balcón observaba lo que estos hombres hacían. Uno cavaba un hoyo y el otro lo cerraba. El hombre #1 cavaba otro hoyo, y el hombre #2 venía y lo cerraba. Haciendo eso, estuvieron por más de una hora, hasta que el vecino que observaba se acercó y les preguntó: "Oigan señores, ¿por qué han perdido tanto tiempo cavando un hoyo para luego taparlo?" A lo que uno de ellos contestó: "Es que éramos tres los que íbamos a sembrar. A mí me tocaba cavar el hoyo, a otro plantar el árbol y al hombre aquí presente, cubrirlo. Pero el que iba a sembrar los árboles, faltó. Por eso ve que uno de nosotros cava y el otro cubre, porque no hay quien siembre el árbol. Estamos incompletos."

Parece gracioso este cuento. Pero es el cuento real de muchos que aparecen a servir, por cumplir. Comparecen, pero hacen las cosas a medias, sin ningún tipo de esmero, y sin el más mínimo entusiasmo.

Jesús, servía. Servía con diligencia, con fervor, con entusiasmo y con esmero. Él sabía perfectamente bien cuál era su trabajo, y lo ejecutaba, sin importarle las consecuencias ni las críticas.

Daba la milla extra por servir a aquel que necesitara. Si veía a algún enfermo, aun siendo sábado, lo sanaba. Sabía que sería altamente juzgado y criticado por eso, pero aun en el día de reposo, servía. Servía en todo momento y en todo lugar. No había limitaciones de servicio para Él. En cambio nosotros, qué muchas limitaciones para servir, encontramos.

Jesús hacía las cosas con su corazón porque sabía que su servicio era para agradar a su Padre y no para agradar a los hombres. Por eso hacía todo de buena gana. Aprendamos de Él y hagamos las cosas de buena gana y con una buena actitud. Se nos exhorta así en Colosenses 3:23-24 (TLA):

Todo lo que hagan, háganlo de buena gana, como si estuvieran sirviendo al Señor Jesucristo y no a la gente. Porque ya saben que Dios les dará, en recompensa, parte de la herencia que ha prometido a su pueblo. Recuerden que sirven a Cristo, que es su verdadero dueño.

Lo mejor que puedes hacer en tu vida como creyente es servirle al Señor, teniendo bien presente estas dos cosas:

1. Que no tienes que agradarle a la gente, porque todo lo que haces es para Él.

2. Que recibiremos recompensa cuando hagamos todo con buena actitud.

Jesús dijo: "Si alguno me sirve, sígame; y donde yo estuviere, allí también estará mi servidor. Si alguno me sirviere, mi Padre le honrará." (Juan 12:26 RVR1960)

Si eres un buen servidor de Dios en la tierra, prepárate para recibir buenos honores de Dios, en el cielo.

Oración: Padre amado. Ayúdame a desarrollar una vida de oración. Quiero acercarme a ti en oración cada día. Reconozco que esta es mi mejor arma para ganar mis batallas, y el mejor medio para comunicarme contigo. Pon una carga en mi corazón para que no pueda estar tranquilo cuando no haya pasado tiempo contigo en oración. Enséñame también a ayunar. Quiero ser imitador de Jesús, practicando el ayuno, así como Él lo hizo. Dame la fuerza de voluntad para poder ejercer esta disciplina. En adición, ayúdame a querer adquirir conocimiento de tu Palabra. Pon en mí el deseo de educarme, participando en clases que me ayudan a aprender de ti. Por último, muéstrame cómo debo servirte. Dame el rendimiento físico y la capacidad espiritual para servirte completamente con un corazón dispuesto. Quiero darte mi servicio de manera ferviente. Enséñame a ser diligente y a esmerarme para servirte con entusiasmo y con toda la calidad que Tú te mereces. Te amo, Señor. En el nombre de Jesús. Amén.

Capítulo 15: Viviendo como que llegará el día

Antes de dar conclusión a este libro, siento una responsabilidad de hablarte de este tema. Es el tema del juicio final. Me preocupa el ver creyentes que viven como si este acontecimiento, jamás fuera a llegar.

He visto personas que dentro de la iglesia se comportan como todo un buen cristiano, pero en sus hogares, en sus trabajos o en sus comunidades, nadie diría que son personas que han profesado a Jesús como Salvador. Este es el tipo de personas que describió Jesús, sepulcros blanqueados que por fuera lucen hermosos, pero por dentro están llenos de podredumbre (Mateo 23:27 NVI).

¡Qué deplorable ver gente que proyecta una imagen frente a unos, y otra contraria frente a otros! Gente dos caras. Gente que lleva años en el evangelio, pero no ha sido capaz de romper con vicios, tendencias o malas mañas. Gente que está consciente de su mala manera de vivir, pero no hace el más mínimo esfuerzo por cambiar. Entonces, los ves que se conforman con decir: "Dios nos ama a todos por igual." ¡Perdóname, pero no creo eso! Creo que Dios tiene lugares especiales para hijos especiales. Para hijos que han sobresalido en la carrera de la vida. Creo que así como al actor le llega el día de los Oscar, y al cantante el día de los Grammy, también al ser humano le llegará el día de enfrentarse al Señor. Y habrá premios en el cielo para aquellos que brillaron, mientras vivieron en el cuerpo.

Recuerdo cuando era niña y estudiaba en escuela primaria. El día de mi graduación no recibí ningún premio, pues mis notas no habían sido muy buenas. Pero miraba a mi hermana, dos años mayor que yo. Ella sí había ganado medalla de alto honor, y algo me quebró por dentro. Me propuse que en mis siguientes graduaciones recibiría un premio para que mis papás se sintieran orgullosos de mí, como lo estaban de mi hermana.

Así que comencé a esforzarme. El día que me gradué de escuela intermedia, recibí la medalla de superación. La misma me alegró, pero eso no era una medalla de honor. En la escuela superior seguí estudiando, y el día de mi graduación me gané la medalla de honor. Me alegró mucho haberla recibido, pero ahora quería ser alto honor. Al llegar a la universidad, me apliqué y comencé a dedicarle más tiempo a mis estudios. ¿Qué pasó? El día de mi graduación universitaria recibí una medalla de Magna Cum Laude. Esta era la medalla que tanto había anhelado. Significaba que había alcanzado un grado de alto honor con un GPA de 3.8. No te digo esto para que me eches porras. ¡Aunque si así lo deseas, de verdad me lo merezco! Jaja. Es broma.

La realidad es que te lo digo para que veas que vale la pena esforzarse. Los que no se esfuerzan, jamás logran llegar muy lejos. Aquel día sentí que logré plenamente lo que tanto había perseguido, hacer orgullosos a mis papás. ¡Qué orgulloso se siente el Señor cuando ve que sus hijos se esfuerzan y viven de manera admirable!

El día de los premios va a llegar. El día del juicio va a llegar. Y tendremos que rendir cuentas a Dios. Así que, ¡nos conviene andar derechitos!

Lo dice la Palabra en Santiago 2:12 (TLA):
En el día del juicio, Dios nos juzgará de acuerdo con la ley que nos libera del pecado. Por eso, <u>debemos tener mucho cuidado en todo lo que hacemos y decimos</u>.

La manera en la hablamos y la forma en la que nos comportamos está siendo evaluada. Y mientras estamos en esta tierra, Dios está en su reino, fabricando moradas para nosotros.

El Señor se lo dijo a sus discípulos. Les reveló que se iba a prepararnos lugar en el cielo.

Juan 14:2 "En el hogar de mi Padre hay muchas viviendas; si no fuera así, ya se lo habría dicho a ustedes. Voy a prepararles un lugar." (Juan 14:2 NVI)

Yo no sé de ti, pero cuando leo esto me imagino diversidad de casas, grandes y pequeñas. Lujosas y más sencillas. Yo no sé cómo será la mía. No puedo imaginarme cómo será mi vivienda en el cielo. Solo sé que es una vivienda que Él ha preparado para mí. Pero creo que cuando llegue allá, Dios me dará una buena casa. Por cuanto he vivido para Él y le he servido, Él me recompensará con una bella casa.

¿Cómo crees que será la tuya? Si lo que crees que te has ganado hasta ahora es una cabañita, entonces comienza a esforzarte para que el Señor ensanche tu cabaña. No estoy diciendo con esto que vivas esta vida con interés de lo que recibirás en la otra. Pero sí te digo que en base a como viviste esta vida, serán tus recompensas en la otra.

La Biblia es clara en cuanto a esto. Dice en Gálatas 6:7-8 (NTV):

No se dejen engañar: nadie puede burlarse de la justicia de Dios. Siempre se cosecha lo que se siembra. Los que viven solo para satisfacer los deseos de su propia naturaleza pecaminosa cosecharán, de esa naturaleza, destrucción y muerte; pero los que viven para agradar al Espíritu, del Espíritu, cosecharán vida eterna.

Está escrito que nadie se burla de la justicia de Dios. Si eres cristiano en la iglesia y mundano fuera de ella, tu momento llegará. No creas que Dios no sabe lo que haces.

Si vives en pecado, cosecharás muerte. Si vives en el Espíritu, cosecharás vida eterna. Cosechamos lo que sembramos. Así de sencillo. Al hombre lo puedes engañar, pero a Dios, nadie lo engaña.

Dice en Hebreos 4:13 (NVI):
Ninguna cosa creada escapa a la vista de Dios. Todo está al descubierto, expuesto a los ojos de Aquel a quien hemos de rendir cuentas.

Recuerdo en una ocasión que mi esposo pasaba por la casa de un hermano. Había estado visitando en la calle ese día, y decidió detenerse de sorpresa en la casa del hermano para saludarlo. ¡Vaya sorpresa que se llevaron los dos! El hermano se sorprendió de ver al pastor, y mientras fumaba, escondió el cigarrillo en la espalda. El pastor veía que al hermano le subía un humo que era notorio detrás de sus hombros y pensaba: ¡Este hermano está bajo el fuego del Espíritu Santo! Pero la peste a cigarrillo era evidente. Así que el hermano quedó retratao (como diríamos en PR).

Tú puedes esconderte de todo y de todos para hacer tus fechorías, pero Dios se va a encargar de desenmascararte cuando te llegue la hora. Y lo que ahora haces a escondidas, será puesto al descubierto, porque nada escapa a la vista del Dios Supremo.

Lamento ser tan cruda y directa, pero lo dice la Palabra. Es mi deber advertirte lo que acontecerá: Tendremos que rendir cuentas.

Estamos viviendo en tiempos donde todos quieren decir que son cristianos, pero pocos corren con perseverancia esta carrera. Hay vasta cantidad de "cristianos" de domingo, pero escasa cantidad de cristianos 24/7, de puro y genuino corazón.

Tenemos que aprender a perseverar en esta carrera con autenticidad.

Pablo decía: "Ustedes saben que, en una carrera, no todos ganan el premio, sino uno solo. Pues nuestra vida como seguidores de Cristo es como una carrera, así que vivamos bien para llevarnos el premio. Los que se preparan para competir en un deporte, dejan de hacer todo lo que pueda perjudicarlos. ¡Y lo hacen para ganarse un premio que no dura mucho! Nosotros, en cambio, lo hacemos para recibir un premio que dura para siempre. Yo me esfuerzo por recibirlo. Así que no lucho sin un propósito."
(1 Corintios 9:24-26 TLA)

Parafraseando lo que el apóstol estaba diciendo: "El ser cristiano es como una carrera, la cual no todos ganan. Los deportistas se sacrifican y renuncian a todo lo que les perjudique. Dejan vicios, dejan de comer cosas que no les conviene, entrenan todo el tiempo, y lo hacen con el interés de ganarse el premio. Por lo tanto, esforcemos también nosotros como lo hacen ellos. De esta forma ganaremos un premio incorruptible en el cielo."

Es increíble como el ser humano le dedica tiempo, esfuerzo, empeño y dedicación a ciertas cosas que ama. Invierte en eso, sin importar lo que cueste porque para él, tiene mucho valor. Pero no dedica el mismo empeño a su relación con Dios.

Recientemente, mi esposo llegó de un viaje, y como de costumbre, le eché a lavar su ropa. Al sacarla, me percaté que su jacket negro favorito salió blanco como la nieve. Cuando se lo mostré, por poco le da un ataque. Mi esposo no es de ser apegado a cosas materiales, pero a ese jacket, sí lo ama. Al parecer había dejado una servilleta blanca en el bolsillo, y yo sin darme cuenta lo puse a lavar así. Cuando vi que él se puso triste por la forma en que se veía su jacket, le dije: "Tranquilo, que de alguna manera lo rescataré." Lo lavé y lo lavé varias veces. Lo puse en la secadora, pero nada que ver. El jacket seguía blanco. Al enseñárselo cuando llegó en la noche, me dijo: "Voy a tener que comprar una afeitadora de ropa." Yo, de inmediato busqué en internet y le mandé a pedir una. A los dos días cuando llegó el paquete, mi esposo lo abrió y comenzó a afeitar su jacket. Le tomó casi una hora, pero no se rindió. Perseveró hasta lograr sacarle todo aquello blanco a su jacket negro. ¡Quedó como nuevo!

Cuando verdaderamente amamos algo, invertimos en ello. Cuando algo realmente nos importa, le dedicamos tiempo, sin tomar en cuenta cuán largo pueda ser. Cuando queremos lograr ciertas metas en la vida, nos esforzamos, como me esforcé yo por lograr aquella medalla. El que quiere rebajar, deja de comer aunque se sienta morir de hambre. Deja su zona de comodidad y comienza a ejercitarse, aunque luego le duelan hasta los tuétanos de los huesos. El que quiere lograr una carrera, estudia. El que quiere adquirir una buena casa, invierte. La mujer que quiere tener un marido feliz, lo enamora. La mamá que quiere que su hijo sea exitoso en la escuela, lo ayuda. Se sienta con él a estudiar, por más que prefiera irse a ver televisión. Sacrificamos muchas cosas, con tal de lograr el éxito.

Comenzamos a entender hoy que la palabra sacrificio, significa el bienestar del mañana. Sacrificio es lo que hizo Jesús por nosotros. Y sacrificio es lo que hacemos nosotros, a fin de conseguir algo, ya sea para beneficio propio o para beneficio de otro.

Me encantó este testimonio real que leí. Se trata de un niño de 5 años al que su doctor le pregunta si quiere donar sangre para salvar la vida de su hermana. Ambos padecían de la misma enfermedad. Pero el niño había desarrollado anticuerpos en su sangre para combatirla, mientras que la niña, no. La única manera de salvarla era que su hermano aceptara donarle sangre. El niñito dudó por un momento, pero luego respondió que si con eso lograba salvar la vida de ella, lo haría. El día de la transfusión, el niño miraba a su hermana con una sonrisa en su cara. Pero en un momento, palideció, y con voz triste le preguntó al doctor: "¿Ahora es cuando me comienzo a morir?"

El niño había pensado que el dar su sangre a la hermana, significaba morir él para salvarla a ella. Y aun así, accedió a hacerlo, por amor.

Eso es sacrificio. Eso mismo es lo que hizo Jesús por ti y por mí. Sacrificó su propia vida, con tal de salvarnos. Porque nos ama. Por eso está dispuesto a hacer lo que sea por cada uno de nosotros.

¿Y tú, amas a Dios? Entonces, ¿qué estás dispuesto a hacer por Él?

Hay dos cosas que Dios quiere de ti:

Oh, hijo mío, dame tu corazón; que tus ojos se deleiten en seguir mis caminos (Proverbios 23:26 NTV):

#1. Que le des tu corazón.
#2. Que sigas sus caminos.

Seguir estas dos cosas, nos conducen hacia la victoria y la bendición.

El libro de Deuteronomio es uno de instrucciones que Dios le dictaba a su pueblo escogido, a través de su siervo Moises.

Encontramos un sinnúmero de instrucciones en este libro. Cosas esenciales que el pueblo debía hacer para lograr el éxito durante su marcha. Veamos algunas:

1. Deuteronomio 5:33 (NVI): Sigan por el camino que el Señor su Dios les ha trazado, para que vivan, prosperen y disfruten de larga vida en la tierra que van a poseer.
2. Deuteronomio 6:5 (NVI): Ama al Señor tu Dios con todo tu corazón y con toda tu alma y con todas tus fuerzas.

3. Deuteronomio 10:12 (NVI): ¿qué te pide el Señor tu Dios? Simplemente que le temas y andes en todos sus caminos, que lo ames y le sirvas con todo tu corazón y con toda tu alma.
4. Deuteronomio 13:4 (NVI): Solamente al Señor tu Dios debes seguir y rendir culto. Cumple sus mandamientos y obedécelo; sírvele y permanece fiel a Él.

No hay duda de que Dios demanda que sigamos su camino, que le amemos con todo nuestro corazón, que le sirvamos con toda nuestra alma, y que permanezcamos fieles a Él.

Habrá recompensas en el cielo para los que vivan de manera fiel. Dice la Biblia en Apocalipsis 2:10 (NVI):

Sé fiel hasta la muerte, y yo te daré la corona de la vida. (Apocalipsis 2:10 NVI)

Yo no sé si te estás esforzando por ganarte la corona de la vida. Pero así como te conté que me esforcé por ganar medallas en la escuela para hacer orgullosos a mis padres, también me estoy esforzando por ganarme la corona de la vida en el cielo para hacer orgulloso a mi Padre. Por eso me he mantenido fiel. Con la ayuda de Él, me he mantenido firme sin salirme de la carrera. Y espero que así sea hasta el día de mi partida.

Mi consejo para ti, es: Sé leal a Dios. Vive de manera digna como un verdadero creyente. No seas hipócrita haciéndote pasar por hijo de Dios, cuando sabes que te hace falta convertirte. Te hace falta arrepentirte de tu mala manera de vivir. El día del juicio llegará. Verás al Señor cara a cara y tendrás que rendirle cuentas por todo lo que has hecho durante tu carrera aquí en la tierra.

Dice en 1 Pedro 4:5 (TLA) ¡Pero ya tendrán que darle cuentas a Dios, el Juez que está preparado para juzgar a los vivos y a los muertos!

¡El día va a llegar! El Juez Supremo pasará juicio sobre ti. Esa es una realidad, de la cual nadie podrá escapar.

¡Cristo viene pronto por su iglesia! ¿Estás preparado? ¿Te irás con Él?

Pídele al Señor que te transforme por completo y que esa transformación se haga evidente a la vista de todos. Pídele que te de fuerzas para que logres ser ese corredor legítimo y constante que no se rinde, sino que persevera hasta llegar a la meta.

Repite esta oración: Señor Jesús, me arrepiento de toda mi culpa y mi maldad. Quiero que me salves y quiero que me cambies. Dame la fuerza de voluntad para vivir de manera agradable a ti, renunciando a todo aquello que no te gusta. Perdóname por las veces que no actúo como un verdadero hijo tuyo. Saca de mí todo lo que hago que no es digno de ti. Te amo y quiero andar en tus caminos con un corazón limpio y honesto. Ayúdame a serte fiel y a no salirme de mi carrera, nunca jamás. Necesito poder llegar contigo, hasta el final. En el nombre de Jesús. Amén.

Palabra de exhortación final

Espero que este libro haya sido una herramienta útil y que a partir de ahora puedas lograr experimentar una relación genuina con Dios. Una relación real, profunda y duradera. Espero que perseveres y puedas mantenerte fiel a Él, independientemente de las adversidades que puedas afrontar en tu futuro. Nunca pierdas de perspectiva que tu adversario el diablo tratará de sacarte de carrera. Tratará incansablemente de que te desenfoques y te desanimes. ¡Pero, permanece! Por nada en el mundo cometas el error de separarte de tu Padre.

Entonces, la pregunta clave antes de concluir es: ¿Cómo logro permanecer en esta relación con mi Señor?

El mismo Jesús nos dio la respuesta en uno de los discursos más bellos que emitió durante su ministerio. Lo encontramos en Juan, capítulo 15:

"Yo soy la vid verdadera, y mi Padre es el labrador. Toda rama que en mí no da fruto, la corta; pero toda rama que da fruto la poda para que dé más fruto todavía. Ustedes ya están limpios por la palabra que les he comunicado. Permanezcan en mí, y yo permaneceré en ustedes. Así como ninguna rama puede dar fruto por sí misma, sino que tiene que permanecer en la vid, así tampoco ustedes pueden dar fruto si no permanecen en mí. Yo soy la vid y ustedes son las ramas. El que permanece en mí, como yo en él, dará mucho fruto; separados de mí no pueden ustedes hacer nada. El que no permanece en mí es desechado y se seca, como las ramas que se recogen, se arrojan al fuego y se queman. Si permanecen en mí y mis palabras permanecen en ustedes, pidan lo que quieran, y se les concederá. Mi

Padre es glorificado cuando ustedes dan mucho fruto y muestran así que son mis discípulos. Así como el Padre me ha amado a mí, también yo los he amado a ustedes. Permanezcan en mi amor. Si obedecen mis mandamientos, permanecerán en mi amor, así como yo he obedecido los mandamientos de mi Padre y permanezco en su amor. Les he dicho esto para que tengan mi alegría y así su alegría sea completa."

Lo primero que aprendemos de esta porción es que Dios va a permanecer en ti, pero solo si tú permaneces en Él.

Lo segundo es que habrán frutos abundantes que saldrán de ti, si permaneces en Dios, porque cuando nos separamos de Él, no logramos nada.

Lo tercero: El que no permanece en Él será desechado.

Lo cuarto: El que permanece en Él y en su Palabra, tiene derecho a pedir, y le será concedido.

Lo quinto: El Señor advierte a que permanezcamos en su amor.

Lo sexto: El que obedece sus mandamientos, permanece en su amor.

El verbo permanecer es enfatizado por Jesús en esta corta porción, 11 veces. Por alguna razón nuestro Señor lo repite tantas veces. Y es que cuando sabemos como padres que debemos recalcarle algo importante a nuestros hijos, se lo repetimos una y otra vez.

Una de las cosas más importantes que le enfatizaba a mis hijos cuando íbamos a salir a un lugar donde había mucha gente, era: "Permanezcan a mi lado. No se alejen de mí." Ya con eso quedaban advertidos. Ellos sabían que si por alguna razón se separaban de mí, los perdería de vista, y si algo les pasaba, mamá no podría socorrerlos tan fácilmente.

De la misma manera, Jesús enfatizó que debemos permanecer en Él si queremos alcanzar bendiciones. Somos nosotros los que como seres humanos testarudos, decidimos hacer lo que nos gusta, en vez de hacer lo que nos beneficia.

Es indispensable que como creyentes, sigamos las instrucciones de Dios y hagamos lo que Él dice que nos conviene, y no lo que creemos que nos conviene. Nos conviene permanecer y habitar bajo el abrigo del Altísimo, porque como dice el Salmo 91:1 nos acogeremos a la sombra del Todopoderoso. Es sencillo; si permanezco en Él, me cubre su sombra. Si me alejo de Él, me salgo de la sombra. ¡Qué sensación agradable nos provee la sombra, y qué ardor desagradable encontramos fuera de ella!

No te alejes del Señor. Le podrías perder de vista. Tenle presente, todos los días de tu vida. No acudas a Él, sólo cuando lo necesitas. Llévalo en tu mente y en tu corazón. Sé un creyente leal y genuino. Sé determinado a que nada ni nadie te sacará de la carrera, por más cansado que te puedas sentir. Dios no te va a obligar a permanecer a su lado. Serás tú el que decida si permanecerás, o permitirás que los problemas de este mundo te saquen del camino.

Jesús dijo bien claro en esa porción de Juan que si permaneces en Él, Él permanecerá en ti y te ayudará a que des mucho fruto. No solo eso, si permaneces en Él, tendrás derecho a pedir y a recibir. Pero lo más importante que nunca debes olvidar es que si te separas de Él, no podrás lograr nada.

Dios te ama y tiene cosas grandes y buenas preparadas para ti. Si quieres recibirlas, la clave es clara: ¡Permanece en Él!

Dice así en 1 Juan 2:27-28 NVI:

En cuanto a ustedes, la unción que de Él recibieron permanece en ustedes, y no necesitan que nadie les enseñe. Esa unción es auténtica —no es falsa— y les enseña todas las cosas. Permanezcan en Él, tal y como Él les enseñó. Y ahora, queridos hijos, permanezcamos en Él para que cuando se manifieste, podamos presentarnos ante Él confiadamente, seguros de no ser avergonzados en su venida.

Dios depositó una unción sobre ti. No la desperdicies. Permanece en Él para que cuando regrese, te puedas parar frente a su presencia sin ningún temor. Permanece en Él para que cuando llegue ese día, puedas escuchar las palabras más bellas pronunciadas por sus labios: "Ven, buen siervo fiel. Sobre poco fuiste fiel, sobre mucho te pondré. ¡Entra en el gozo de tu Señor!"

Made in the USA
Columbia, SC
17 July 2022

63533367R00102